# Inhalt

# Zur Einleitung

Wenn ich die vielen Episoden erwähnen wollte, bei denen die Musik des Johann Sebastian Bach in mein Leben eingegriffen hat: Das gäbe eine lange und auch allzu persönliche Erzählung. Nach schweren Operationen hatte ich manchmal beim Hören seiner Musik den Eindruck, Bach säße – wie meine Frau – als ein älterer Bruder an meinem Krankenbett und begleite mich in eine andere Welt. Eine Geschichte aber muss ich doch ausführlicher schildern, um den Hauptanstoß zu diesem Buch und seine Widmung zu erklären.

Als Vizepräsident der Sächsischen Synode erschien Johannes Richter eines Tages als Gast auf einer Tagung der Partnersynode in Hannover. Richter war Superintendent des Kirchenbezirks Leipzig-West mit dem Amtssitz an der Thomaskirche. Man führte ihn und mich, die wir vor vergleichbaren Aufgaben standen, zusammen. Die beiden Männer fanden spontan Gefallen aneinander. Aus der Bekanntschaft wurde eine enge Freundschaft, auch zwischen den Familien. Und ein Kanzeltausch erwuchs daraus, den wir gut zehn Jahre lang durchgehalten haben. Einmal im Jahr stand Johannes Richter auf der Kanzel der Marktkirche in Hannover, ich auf der Kanzel der Thomaskirche in Leipzig.

Diese Wochenenden in Leipzig gehörten zu den Höhepunkten des Jahres. Über dem Grab Johann Sebastian Bachs zu stehen und einer großen, weithin unbekannten Gemeinde die Nähe des gekommenen Gottes anzusagen, das war eine große Herausforderung. Oben auf der Empore saßen, standen und sangen die Thomaner. Anfangs noch unter Hans-Joachim Rotzsch, später unter der Leitung von Georg Christoph Biller. An den Abenden lange Gespräche in der damaligen Superintendentur, der „Villa Pank", die an der gleichen Stelle steht wie die Thomasschule, die 1902 abgerissen wurde. Der gleiche Blick aus dem Fenster auf die Thomaskirche, den Bach mit seiner Familie hatte. Nachts, wenn ich wach lag und auf der großen Treppe im Eingang mit den farbigen Glasfenstern die Stufen knarrten, stellte ich mir vor, Bach ginge durch das ihm unbekannte und doch bekannte Haus.

Am Abend seines 70. Geburtstages ist Johannes Richter zusammengebrochen und zwei Monate danach gestorben. Die enge Verbindung mit ihm und durch ihn mit der Thomaskirche hat mir Johann Sebastian Bach geradezu sinnlich nahe gebracht. So widme ich dieses Buch posthum meinem unvergessenen, geistvollen und warmherzigen Freund!

Als ich mich im Ruhestand intensiver mit dem Gesamtwerk Bachs beschäftigte, stieß ich bald auf einen eigenartigen Sachverhalt. Die Hälfte des Werkes dieses doch ständig aufgeführten Komponisten, nämlich die über 200 Kantaten, sind offensichtlich weithin unbekannt! Das wird die unterschiedlichsten Gründe haben. Dazu gehört sicherlich, dass die eingehende Beschäftigung mit einer so großen Anzahl gerade der Kirchenkantaten (und man schätzt, dass etwa noch 100 Kantaten verloren gegangen sind) einen Anspruch darstellt, den man nur in jahrelangem Studium bewältigen kann.

Ein wichtiger Grund ist aber auch die sofort erkennbare Konfusion des Bach-Werke-Verzeichnisses gerade bei den Kirchenkantaten. Als 1851 die im Jahr zuvor gegründete Bachgesellschaft die Herausgabe der großen Bachausgabe startete, ging man ohne präzisen Plan und anfangs sogar nur unter ehrenamtlicher Mitwirkung an die Arbeit. Unbekannt war auch, dass weit mehr Kantaten Bachs noch existierten, als man vermutete und damals kannte. So fügte man einfach aneinander, was gerade auf den Schreibtisch kam. Die Folge ist, dass im Bach-Werke-Verzeichnis bei den Kantaten nicht die geringste Ordnung herrscht. Weder nach der Entstehungszeit der Kantaten (was bei den häufigen Überarbeitungen, die Bach vorgenommen hat, schwierig wäre), noch (was sich nahe gelegt hätte) nach den Zeiten des Kirchenjahres. So tauchen etwa die Adventskantaten unter den Nummern 36, 61 und 62 auf, die Weihnachtskantaten (auch aus den unterschiedlichsten Zeiten) mit den Nummern 40, 57, 63, 67, 91, 110, 121, 133, 155. Wer nicht ein numerisch begabtes Gedächtnis hat, wird nach 14 Tagen – so wie es mir ergangen ist – die Nummer der Kantate im Bach-Werke-Verzeichnis, mit der er sich gerade eingehend beschäftigt hat, vergessen haben. Man präge sich also den Titel der Kantate ein und kümmere sich nicht um die Nummer im Bach-Werke-Verzeichnis! Weshalb diese Nummern in meinem Buch dann doch eine gewisse Rolle spielen, hängt damit zusammen, dass ich – da ich mit diesem Werk keine wissenschaftlichen Ansprüche verbinde – auf eine präzise Notierung der Zitate und Hinweise auf andere Autoren verzichtet habe. Da es sich meist um die Analyse der entsprechenden Kantaten handelt, sind sie über das Literaturverzeichnis ohne große Probleme zu verifizieren.

Auch sonst ist die spätere Aufarbeitung des Bachschen Werkes von Seltsamkeiten nicht frei. Dass man beispielsweise bei Bach die Übernahme eigener Musik aus einer weltlichen in eine geistliche Kantate „Parodie“ nennt, wird niemandem, der dieses Wort aus anderen Zusammenhängen kennt, sofort einleuchten.

Aber der Begriff der Parodie hat sich in der Musikwissenschaft so fest eingebürgert, dass ich ihn auch in diesem Buch kaum vermeiden konnte.

Die Kontakte zum „Bach-Haus" in Eisenach und zum „Bach-Archiv" in Leipzig haben mir an verschiedenen Stellen weitergeholfen. Was ich der Forschungsarbeit von Christoph Wolff verdanke, wird jeder, dem seine umfangreiche Bach-Biographie ein unentbehrliches Hilfsmittel geworden ist, auf Anhieb erkennen.

Ich bin Ton Koopman von Herzen dankbar, dass er seine Kantatenaufnahmen für die Ausschnitte aus den 20 Kantaten, die ich ausgewählt habe, für die beiliegende CD bereitwillig zur Verfügung gestellt hat. Es gehört zu meinem Respekt vor der Leistung dieses bedeutenden Bach-Interpreten der Gegenwart, dass ich seine Einspielungen in diesem Buch nicht kommentiere. Eine unbeeinflusste Begegnung mit der musikalischen und geistigen Gestaltung seiner Interpretationen ist mir wichtig. Markus Steffen danke ich, dass er die Verbindung zu Ton Koopman hergestellt hat, auch für weitere hilfreiche Hinweise.

Meine frühere Sekretärin Linde Sturm hat wieder, mit Sorgfalt und mit Energie, mein manchmal schwer lesbares Manuskript in eine druckreife Vorlage übertragen. Ich danke ihr von ganzem Herzen für ihre große Bereitwilligkeit und ihren umsichtigen Einsatz.

Dieses Buch möchte, neben vielem Anderen, die Anregung weitergeben, sich einen individuellen Kanon von Kirchenkantaten Bachs durch das Jahr zusammenzustellen und diesen von Zeit zu Zeit, in dieser oder jener Richtung, zu erweitern. Das ganze Werk Bachs werden nur Wenige ganz überschauen können. Der Titel des Buches ist aus einer von Bachs Osterkantaten entlehnt: „Der Himmel lacht! Die Erde jubilieret!" Wir leben nicht immer unter einem lachenden Himmel. Aber diese und andere Kantaten sind für mich ein Stück der Lebensbegleitung geworden, die neue Horizonte eröffnet und andere Welten erkennbar macht. Das möchte ich gerne weitergeben.

*Hans Werner Dannowski*
*Am Pfingstfest 2012*

# Vom Warten

**BWV 61 „Nun komm, der Heiden Heiland" – Kantate zum Advent**
**CD: Rezitativ (Bass): „Siehe, ich stehe vor der Tür"** 0.55 Min.

In einem Interview wurde der Schriftsteller Siegfried Lenz gefragt, wie es komme, dass das Angeln in seinem Leben eine solch große Rolle spiele. Beim Angeln übe er das Warten ein, antwortete Lenz, das Warten und die Erwartung seien für ihn grundlegende Dimensionen des menschlichen Lebens.

Auch im Ablauf des Jahres und des Kirchenjahres gibt es Wartezeiten. Durchlaufzeiten sind es, Zeiten, die geprägt sind von dem, was kommen soll. Der Advent ist eine solche Wartezeit. Immer wieder hat man versucht, der Adventszeit einen eigenständigen Charakter zu geben. Eine Zeit der Buße sei der Advent. Ein Vorläufer der zweiten Ankunft sei diese Zeit, der endgültigen Wiederkehr Christi am Ende der Welt. Es hat alles nicht viel gebracht. Die theologische Tiefenbohrung hat offenbar kaum jemanden erreicht. Der Advent ist und bleibt eine Wartezeit. Die Gedanken und Herzen der Menschen bleiben ausgerichtet auf das große Ereignis, das zu Weihnachten gefeiert wird. Und Bachs Adventskantate „Nun komm, der Heiden Heiland" transportiert weit mehr von dem in jedem Jahr zu erspürenden Fluidum dieser Wochen, als es manche ausgeklügelten Adventslesungen und die entsprechenden Predigten tun.

Um Bachs Kantate zu verstehen, muss man seine Gefühle und Gedanken zu erfassen suchen, noch ehe der erste Ton erklingt. Voraussetzung ist bei ihm wirklich und tatsächlich die alles überragende Bedeutung der Menschwerdung Gottes, wie sie in der Geburt Christi geschehen ist. Das ist für ihn ein radikaler Einschnitt in der Menschheitsgeschichte, der Beginn einer neuen Zeitrechnung, post Christum natum, die Erfüllung der Zeit. Das muss ganz groß angekündigt werden. Das Orchester setzt in der Kantate mit einem vollen Streichersatz ein, und der punktierte Rhythmus der französischen Ouvertüre macht in seiner Schwergewichtigkeit deutlich, dass Bedeutendes zu erwarten ist. Schon nach wenigen Takten des Orchesters erhebt der Chor seine Stimme. Aber er lässt nicht im Tutti eine Begrüßungsfanfare erklingen, sondern das Sehnsuchtsmotiv der Menschen im Warten auf das Kommen des Heilandes wandert im Cantus Firmus durch die einzelnen Stimmen. Den altkirchlichen Hymnus des Ambrosius „Veni redemptor gentium" (um 386) greift der Textdichter der Kantate auf.

**Nun komm, der Heiden Heiland** **BWV 61**

**1 Chor**
Nun komm, der Heiden Heiland, / Der Jungfrauen Kind erkannt, / Des sich wundert alle Welt: / Gott solch Geburt ihm bestellt.

**2 Rezitativ**
Der Heiland ist gekommen, / Hat unser armes Fleisch und Blut / An sich genommen / Und nimmt uns zu Blutverwandten an. / O allerhöchstes Gut, / Was hast du nicht an uns getan? / Was tust du nicht / Noch täglich an den Deinen? / Du kommst und lässt Dein Licht / Mit vollem Segen scheinen.

**3 Arie**
Komm, Jesu, komm zu deiner Kirche / Und gib ein selig neues Jahr! / Befördre deines Namens Ehre, / Erhalte die gesunde Lehre / Und segne Kanzel und Altar!

**4 Rezitativ**
Siehe, ich stehe vor der Tür und klopfe an. So jemand meine Stimme hören wird und die Tür auftun, zu dem werde ich eingehen und das Abendmahl mit ihm halten und er mit mir.

**5 Arie**
Öffne dich, mein ganzes Herze, / Jesus kömmt und ziehet ein. / Bin ich gleich nur Staub und Erde, / Will er mich doch nicht verschmähn, / Seine Lust an mir zu sehn, / Daß ich seine Wohnung werde. / O wie selig werd ich sein!

**6 Choral**
Amen, Amen! / Komm, du schöne Freudenkrone, / Deiner wart ich mit Verlangen.

Oft genug habe ich mich beim Singen des entsprechenden Adventschorals an dieser Stelle über Martin Luther geärgert, dass er den lateinischen Hymnus – offenbar nur um der Alliteration, des Gleichklangs der Wörter willen – mit „der Heiden Heiland" übersetzt. Als ob Christus nur für die Heiden – und wer ist das wohl? – gekommen sei. Aber Bach hat in seiner gediegenen Schul- und Kantorenausbildung genügend Latein gelernt, um die Zeile korrekt mit „Nun komm, du Retter der Völker" in seine musikalische Phantasie zu nehmen. Da singen, in gravitätischem Rhythmus, sich die Völker des Nordens und dann die des Südens, die des Ostens und die des Westens, oder auch ganz anders herum, ihre Sehnsucht und ihr ungeduldiges Warten wechselseitig in die Ohren. Um am Ende gemeinsam an die Tür des Himmels zu pochen. Der Übergang von der Ouvertüre zur Motette und dann wieder zur Ouvertüre wiederholt noch einmal den Wechsel von Einzelstimmen und Gesamtchor. Mir kommt dieser ganze Eingangssatz der Kantate mit dem triumphalen, aber doch in Moll gehaltenen

Abschluss vor wie ein buntes und vielgestaltiges Empfangskomitee auf einem Bahnsteig. Das mit Blumen in den Händen der Ankunft eines ersehnten Gastes entgegenfiebert. Jeder und jede spürt schon im Voraus die Beglückung, die sich bei der Ankunft des Besuches über das öde Bahngelände ergießen wird. Die Sehnsucht treibt die Zukunft in die Gegenwart hinein und verändert sie. Die Fülle der Zeit steht vor der Tür, und der Glanz des Kommenden macht die Dunkelheiten hell.

Das lässt sich einigermaßen überzeugend theologisch und theoretisch darlegen. Aber um Bachs Musik in ihrer Tiefe zu begreifen, muss man das alles auch emotional nachzuvollziehen suchen. Erfahrungen von der Fülle der Zeit, vom Glück eines erfüllten Augenblicks oder glücklicher Jahre lassen sich nur schwer aus der Vergangenheit lösen und in die Gegenwart transportieren. Nostalgische Erinnerungen hat sicher jeder, aber die Nostalgie wertet die Gegenwart eher ab, als dass sie diese prägt. Gerade, wenn man älter wird, stellen sich mit dem Abnehmen von Zukunftsfähigkeit immer häufiger entgegengesetzte Zeiterfahrungen ein.

Mir stehen dabei sofort die Nächte nach einer schweren Operation vor Augen. Ich liege schlaflos da, bewegungsunfähig, und warte auf den Morgen. Viele Stunden müssten inzwischen vergangen sein, ich frage die Schwester, die nach mir schaut, nach der Zeit. Ihre Antwort, es sei gerade erst zwei Uhr nachts, trifft mich wie ein Keulenschlag. Die Ereignislosigkeit der Zeit bringt mich fast um. Die Minuten schleichen nur so dahin. Das Warten ist ausgehöhlt von der Leere der Zeit.

Bach hat ein untrügliches Gefühl für den weiten Spannungsbogen zwischen der Fülle und der Leere einer Zeit. Es ist die Ereignislosigkeit und Bedeutungslosigkeit der Dinge, die das Leben der Menschen wie auch der Institutionen ständig bedroht und das Dasein ins Sinnlose und Wesenlose versinken lässt. Dem kann man nur entgegenzusteuern versuchen im Ausblick auf eine ganz andere, in der Bitte um eine erfüllte Zeit. Aus der Gewissheit, dass „der Heiland gekommen ist" (Rezitativ), entwickelt Bach in der darauf folgenden Tenorarie eine drängende Melodie, die mit der ständigen Wiederholung des „Komm" nicht nur einen bittenden, sondern einen geradezu bezwingenden Charakter hat. „Komm, Jesu, komm zu deiner Kirche" singt der Solist dem damals gekommenen, dem auferstandenen und im Geist anwesenden Herrn in die Ohren. Ohne seine Gegenwart ist doch das ganze Kirchenwesen eine einzige Öde und ein geistiger

Leerlauf. Ist eitler Tand und ein gefährlicher Machtanspruch über die Seelen. „Befördre deines Namens Ehre", kann man dem nur entgegensetzen. „Erhalte die gesunde Lehre und segne Kanzel und Altar."

Bach vertont einen Kantatentext von Erdmann Neumeister, und es lohnt sich, einen Blick auf das Verhältnis dieser beiden Männer zu werfen. Neumeister, damals als Oberhofprediger und Superintendent in Schlesien tätig, hatte 1714 zum wiederholten Male in Frankfurt/Main einen ganzen Jahrgang von Kantatentexten publiziert. Diesmal unter dem Titel: „Geistliche Poesien mit untermischten Biblischen Sprüchen und Choralen auf alle Sonn- und Festtage". Bach muss, wahrscheinlich durch die Vermittlung von Telemann, umgehend von dieser Publikation Kenntnis erhalten haben. Noch im gleichen Jahr vertont er die aus diesem Jahrgang stammende „Geistliche Poesie": „Nun komm, der Heiden Heiland". Es ist das Jahr, in dem Bach vom Weimarer Herzog mit dem Titel eines „Concert-Meisters" ausgezeichnet wird, der die Verpflichtung einschloss, jeden Monat eine Kantate für den Hofgottesdienst in Weimar zu komponieren. Die Adventskantate gehört also zu den frühen Kantatenkompositionen Bachs, die er dann später nahezu alle während seiner Leipziger Zeit wiederaufgeführt hat. „Nun komm, der Heiden Heiland" erklang schon wieder im ersten Leipziger Jahr, im Advent 1723, in einer der beiden Hauptkirchen, St. Thomas und St. Nicolai.

Als Bach die Adventskantate komponierte, hat er wahrscheinlich Erdmann Neumeister noch nicht persönlich gekannt. Aber er muss ihn theologisch geschätzt haben, denn er hat nicht weniger als fünf Kantaten nach Texten von Neumeister komponiert. Allein vier aus der Publikation von 1714. Neumeister gehörte in das Lager der streitbaren lutherischen Orthodoxie. Viele Jahre hatte er heftig gegen Pietismus und Calvinismus polemisiert. Kirche war für ihn zentral eine Orientierung am Überlieferten, eine Weitergabe des Wortes Gottes, wie es in der Bibel uns gegeben ist. Die Wahrheit ereignet sich nicht als Ereignis oder als ein zu erreichendes Ziel des Lebens, sondern erweist sich als Treue zum Vorgegebenen. „Gottes Wort und Luthers Lehr": Das ist der Schlachtruf der Orthodoxen im Kampf gegen alle, die wie die Pietisten den Nachdruck auf persönliche Glaubenserfahrung und innere Wahrheitsüberzeugung legen. Deshalb betont Erdmann Neumeister in seiner Adventskantate die Wichtigkeit der „gesunden Lehre" und stimmt ein in die Bitte um die rechte Verkündigung, bittet um den „Segen für Kirche und Altar". Und Bach folgt in seiner Musik dieser theologischen Vorgabe, freilich mit einer ganz unaufgeregten, wenig streitbaren Melodie.

Aber die Orthodoxie eines Erdman Neumeister hat nur wenig mit dem zu tun, was man heute weithin als Eifer um die Rechtgläubigkeit des Christentums oder anderer Religionen erlebt. Die Orthodoxie des 17. und 18. Jahrhunderts ist kein „Fundamentalismus", geht nicht mit Weltflucht und Weltverachtung Hand in Hand. Ganz im Gegenteil. Das Wissen um das bleibende Fundament des Glaubens eröffnet einen Freiheitsraum, beispielsweise für andere Formen der Verkündigung, wie sie in Oratorien oder gar in der von den Pietisten heftig befehdeten Oper auftauchten. Und so überträgt Erdmann Neumeister die Textform der italienischen Kammerkantate mit ihren Opernelementen auf die evangelische Kirchenmusik, diese wird der Vorläufer einer von vielen Schriftstellern und Musikern aufgegriffenen neuen Kantatenform, und er schreibt im Jahre 1700 im ersten Jahrgang seiner Kantatenpublikation: „Siehet eine Cantata nicht anders aus, als ein Stück aus einer Opera, mit Stylo Recitativo und Arien zusammengesetzt". Und es ist offenbar, neben Neumeisters theologischer Grundhaltung, gerade diese Offenheit gegenüber anderen musikalischen Entwicklungen, die Bach begeistert und seine Kantatenkompositionen beflügelt hat.

Es hat dann noch eine Gelegenheit gegeben, bei der diese beiden Männer sich gründlich persönlich kennenlernen konnten. Und bei der auch die hohe Wertschätzung, die Erdmann Neumeister für Johann Sebastian Bach hegte, deutlich herauskam. Im Jahre 1715 trat Neumeister die einflussreiche Stelle eines Hauptpastors an einer der fünf Hauptkirchen Hamburgs, an St. Jacobi, an. Im September 1720 wurde die Organistenstelle an der schon damals berühmten Arp-Schnitger-Orgel dieser Kirche frei, und es setzte der Versuch ein, sicher auch unter Beteiligung von Erdmann Neumeister, Johann Sebastian Bach – auch noch mit weitergehenden Versprechungen – auf diese Stelle zu locken. Es fand auch, im Jahre 1722, ein Orgelkonzert Bachs in Hamburg, allerdings an der Katharinenkirche schräg gegenüber von St. Jacobi, statt. Die verzwickten Auseinandersetzungen um die Besetzung dieser Stelle muss ich hier nicht schildern. Das Hamburger Abenteuer Bachs endete mit seinem Absagebrief, wahrscheinlich, weil er die hohe Summe, die mit dem Kauf dieses Amtes verbunden war, nicht zahlen wollte oder konnte. Erdmann Neumeister war offenbar über den ganzen Ablauf dieser Sache aufs äußerste empört und soll in seiner Weihnachtspredigt, nach der Aussage eines Hamburger Musikdirektors, gesagt haben: „Er glaube gantz gewiß, wenn auch einer von den Bethlehemitischen Engeln vom Himmel käme, der göttlich spielte, und wollte Organist zu St. Jacobi werden, hätte aber kein Geld, so möge er nur wieder davon fliegen." So aktuell, so bissig und zugleich humorvoll konnten die orthodoxen Pastoren predigen!

Den Advent als Wartezeit mit der Bitte um das Kommen Jesu in unsere heutige Welt, so wie er damals gekommen ist: Das akzentuieren Erdmann Neumeister und Johann Sebastian Bach in ihrer Kantate in vergleichbarer Weise, wenn auch mit leichten, kaum erkennbaren Unterschieden. Es könnte aber sein, dass das Warten für Menschen im 20. und 21. Jahrhundert sich noch unter ganz anderen Voraussetzungen vollzieht und sich noch in ganz anderer Weise zu bewähren hat. Es könnte sein, dass es ein Warten ohne klar erkennbare Ziele ist, in einem diffusen Raum. Schon 1952 hat Samuel Beckett in seinem Drama „Warten auf Godot" diesem Lebensgefühl einen geradezu klassisch gewordenen Ausdruck gegeben.

Da lungern Wladimir und Estragon, zwei Vagabunden, auf einer Landstraße herum. Sie warten auf Godot, hört man aus ihren Gesprächen heraus. Wer oder was „Godot" ist, wird nicht gesagt; es lässt sich aber, wenn man das Stück in der englischen oder deutschen Sprache hört, leicht erraten. Jedenfalls erwarten sich Wladimir und Estragon vom Erscheinen Godots so etwas wie Rettung und Erlösung. Aber es wird immer unwahrscheinlicher, dass Godot wirklich kommen wird; am Ende ist man von der Vergeblichkeit des Wartens ziemlich überzeugt. Aber die beiden warten weiter. Versuchen, sich die Langeweile zu vertreiben, reden dummes Zeug, spielen sich Gefühle vor, die sie nicht haben. Schlafen, träumen, beschimpfen sich, fangen nutzlose Tätigkeiten an, die sie bald wieder abbrechen. Sie spielen die ganze Tragikomödie der ungestillten Fragen nach dem Sinn des Daseins, der Absurdität des unerfüllten Glaubensbedürfnisses. Und als zwei weitere Protagonisten auftauchen, da ist es nicht Godot. Da sind es Pozzo und Lucky, die das Warten längst aufgegeben haben und die sich in dieser Welt, als Herr und Knecht, ebenso lustvoll wie qualvoll eingerichtet haben.

Man könnte an das Stück von Beckett, das mich beim Lesen oder Erleben immer wieder erschüttert, lange Zeitdiagnosen anschließen. Die Unsicherheit der Zukunftsorientierung ist überall mit Händen zu greifen, und der Kampf um die Zukunftsbilder, die die Gegenwart gestalten, ist in vollem Gange. Welche Rolle der christliche Glaube dabei spielen wird, scheint völlig offen zu sein. Man wird von Johann Sebastian Bach und seiner Kantate keine Antworten auf unsere ungelösten Gegenwartsfragen erwarten können. Höchstens diese, und das wäre schon viel, dass die Zukunft entscheidend von der Glaubwürdigkeit und Authentizität der religiösen Erfahrung geprägt sein wird. Die das Warten auf Rettung und Erlösung als weltgestaltende und weltverändernde Kraft bewährt.

„Siehe, ich stehe vor der Tür und klopfe an", singt der Bass als Stimme Christi. Erdmann Neumeister hat in seinen Kantatentext, zwischen Kirchenchoral und eigener frommer Poesie, einen Satz aus der Bibel eingefügt. Als kundiger Theologe, der er war, wird er das Umfeld dieses Wortes aus der Offenbarung des Johannes 3, 20 mitbedacht haben. Der Satz ist die Spitze des Bußrufs des auferstandenen Herrn an eine Gemeinde in Laodizea, deren Werke als „weder kalt noch warm" beschrieben werden. „Ach, dass du kalt oder warm wärest!" (3,15). Die Ankündigung des Kommens Christi ist also eine letzte und dringende Mahnung zur Umkehr, und die Feier des Abendmahls ist – als Mahl zur Vergebung der Sünden – der erhoffte Vollzug der Buße der Gemeinde.

An dieser Stelle geht, nach meinem Urteil, Bach am deutlichsten und entschiedensten über Neumeister hinaus. Das kurze Rezitativ, das wir auf der beigefügten CD zu Gehör bringen, ist für mich der absolute Höhepunkt der Adventskantate Bachs. Im Pizzicato der Streicher, das den Bass als Stimme Christi unterstreicht, ist nichts, absolut nichts von Mahnung oder Drohung zu spüren. Und in der Stimme, die das Handeln Christi begleitet und deutet, ist nur der Wärmestrom der unmittelbaren Nähe des sehnlichst erwarteten Herrn.

Man mag darüber streiten, ob Bach die Pizzicato-Klänge als lautmalerisches Anklopfen an der Tür gemeint hat, oder ob sie, allgemeiner, der Ausdruck der gespannten Erwartung der Gemeinde sind. Aber diese Passage ist so suggestiv, dass man Christus direkt vor der Tür stehen sieht und sein Hineingehen in die Räume der Gemeinde, einschließlich der Feier des Abendmahls, mitvollzieht. Musikalisches Reden wird zum Handeln. Im musikalischen Gestus vollendet sich die Gegenwart und Anwesenheit Christi. Und Bachs Randbemerkung, die er eigenhändig in seine Calov-Bibel hineingeschrieben hat, ist nicht nur nebenhin gemeint: „Bei einer andächtigen Musique ist allezeit Gott mit seiner Gnadengegenwart." In der Musik, die das Kommen Christi bezeugt und ankündigt, geschieht die Gegenwart des Herrn selbst! Das ist wohl die eher pietistische Seite in der Glaubenserfahrung Bachs, für den Religion und Theologie nicht nur eine Sache der Rechtgläubigkeit ist, sondern eine Hinwendung der ganzen Person zu Christus. – Wie schön ist dann auch der Schluss dieses kleinen Rezitativs! Auf das Ausklingen der Stimme Christi folgen noch einige Takte der Instrumente, und das ist wie eine musikalische Verinnerlichung, mit der sich die Glaubenserfahrung in den Hörern der Kantate vollzieht.

Die Deutung der Pizzicato-Passage als „Klopfzeichen Christi" hat für mich noch einen weiteren Hintergrund. In Psalm 23, den wohl alle seit ihrer Konfirmandenzeit kennen („Der Herr ist mein Hirte, mir wird nichts mangeln"), gibt es einen Mittelteil, der von den Wegen der Menschen in die Dunkelheiten des Lebens hinein spricht. „Und ob ich schon wanderte im finstern Tal, fürchte ich kein Unglück, denn du bist bei mir, dein Stecken und Stab trösten mich." Schon immer habe ich mich darüber gewundert, wie der „Stecken und Stab" eines Hirten, der doch höchstens der Herde die Richtung weisen kann, diese „tröstet". Bis ich eines Tages von einem griechischen Hirten höre, dass dies eine selbstverständliche Übung der Hirten sei: In der Nacht, wenn die Herde im Dunkeln lagert, schlägt der Hirte in regelmäßigen Abständen mit dem Hirtenstab auf die Erde. Und die Schafe hören dieses „Klopfzeichen" ihres Hirten, wissen, dass sie nicht allein und allen Gefahren ausgeliefert sind. So werden sie durch seine Gegenwart auch in der Nacht „getröstet". – Ist das nicht ein wichtiges Element eines hörfähigen Glaubens, frage ich mich, auf die „Klopfzeichen Gottes" in meinem Leben und in dieser Welt zu achten?! Die Sensibilität zu entwickeln, die die Zeichen einer spürbaren Gegenwart Gottes in den Ereignissen und Widerfahrnissen des Lebens wahrnimmt und sich nicht vom Strudel der Gefühle einer totalen Abwesenheit Gottes in dieser Welt erfassen lässt?! Das Pizzicato-Rezitativ des Johann Sebastian Bach setzt mich in unmittelbarer Berührung auf diese Spur. „Siehe, ich stehe vor der Tür und klopfe an."

So vollzieht sich das Warten der Gemeinde in der Adventskantate Bachs in einer Zeiterfahrung, die bis zum Rand gefüllt ist von der Freude über die baldige Ankunft des Herrn, deren man ganz sicher ist. Das ist keine leere Zeit, die man totschlagen oder mit hektischer Vorbereitung ausfüllen muss. Mit einer leisen Wehmut, auch mit Sehnsucht höre ich die Worte und die Musik der Adventskantate Bachs. Der Weg zu Gott ist für uns sicher weiter geworden als damals, und die Stimme Christi rührt uns vermutlich am meisten an in ihrer Menschlichkeit, die auch die Verlassenheit und Einsamkeit einschließt. Aber man könnte sich doch von dieser Zukunftsgewissheit in der Musik Bachs anstecken lassen, und könnte gerade in der Adventszeit die Kantate Nr. 61 immer wieder hören. Ich bin ziemlich sicher, man wird am Ende einstimmen in das „Amen" des Schlusschorals und in die Bitte: „Komm, du schöne Freudenkrone, bleib nicht lange. Deiner wart ich mit Verlangen."

# Von der Geburt

**BWV 110 „Unser Mund sei voll Lachens“ – Kantate zur Weihnacht**
**CD Arie (Alt): „Ach Herr, was ist ein Menschenkind“** 3.57 Min

An seine eigene Geburt erinnert sich jeder und jede höchstens im Unterbewusstsein. Das man nur selten und nur im Bedarfsfall erforscht. Der Vater hat mir vielleicht von den dramatischen Umständen meiner Geburt erzählt; er hat das alles etwas aufgebauscht, wie er es gerne tat. Die Mutter hat eher untertrieben, und von den stundenlangen Wehen und Schmerzen berichtet, als sei das eine Lappalie gewesen. Mit dem Namen des Kindes hat man sich geeinigt. Auf die Geburt folgt bei vielen schnell die Taufe, die Paten werden mehr oder weniger sorgfältig ausgewählt. In der Taufe wird der kleine Erdenbürger sozusagen in den universalen Aspekt der Gotteszuwendung eingeschrieben: „Ich habe dich bei deinem Namen gerufen, du bist mein“.

Das alles wird bei Johann Sebastian Bach nicht viel anders gewesen sein. Und doch ist eine andere Grundstimmung spürbar. In einer Zeit, die von Empfängnisverhütung nicht viel hielt oder nicht viel wusste, folgten die Kinder Schlag auf Schlag. Johann Sebastian, der am 21. März 1685 geboren wurde, war der Jüngste von insgesamt acht Geschwistern, und die Paten waren ein zufällig anwesender Berufskollege des Stadtpfeifers aus Gotha und ein langjähriger Freund der Familie. Als der Junge mit neun Jahren seine Mutter verlor und der Vater im gleichen Jahr wieder heiratete, bekam er noch zwei Stiefgeschwister dazu. Da seine Stiefmutter verhältnismäßig jung war, hätten es noch mehr Kinder werden können; aber Vater Ambrosius Bach starb nur wenige Monate nach seiner zweiten Heirat. Johann Sebastian wächst daraufhin bei seinem ältesten Bruder Johann Christoph in Ohrdruf auf.

Eine noch dichtere Folge von Geburten kennzeichnet das Familienleben von Johann Sebastian Bach selbst. Bach ist der Vater von 20 Kindern gewesen; sieben Kinder hat er mit Maria Barbara und 13 mit Anna Magdalena gehabt. Man kann sich vorstellen, dass die Geburt eines Kindes bei dieser Häufigkeit nicht ein das ganze Leben umwerfendes Ereignis gewesen ist, als das es heute oft erscheint. Ich sehe es direkt vor mir: Bach kommt von einer Reise zurück, und da ist wieder einer oder eine mehr. Kindergeplärr war offensichtlich immer im Haus. Aber wenn die Geburt der Menschen in der Quantität zunimmt, wird es

**Unser Mund sei voll Lachens** **BWV 110**

**1 Chor und Solo**
Unser Mund sei voll Lachens, und unsere Zunge voll Rühmens. Denn der Herr hat Großes an uns getan.

**2 Arie**
Ihr Gedanken und ihr Sinnen, / Schwinget euch anitzt vonhinnen! / Steiget schleunig himmelan / Und bedenkt, was Gott getan! / Er wird Mensch, und dies allein, / Daß wir Himmelskinder sein.

**3 Rezitativ**
Dir, Herr, ist niemand gleich, du bist groß, und dein Name ist groß; und kannst's mit der Tat beweisen.

**4 Arie**
Ach Herr, was ist ein Menschenkind, / Daß du sein Heil so schmerzlich suchest? / Ein Wurm, den du verfluchest. / Wenn Höll und Satan um ihn sind; / Doch auch dein Sohn, den Seel und Geist / Aus Liebe seinen Erben heißt.

**5 Duett**
Ehre sei Gott in der Höhe und Friede auf Erden und den Menschen ein Wohlgefallen.

**6 Arie**
Wacht auf! Ihr Adern und ihr Glieder, / Und singt dergleichen Freudenlieder, / Die unserm Gott gefällig sein. / Und ihr, ihr andachtsvollen Saiten, / Sollt ihm ein solches Lob bereiten, / Dabei sich Herz und Geist erfreun.

**7 Choral**
Alleluja! Gelobt sei Gott! / Singen wir all aus unseres Herzens Grunde; / Denn Gott hat heut gemacht solch Freud, / Die wir vergessen solln zu keiner Stunde.

nicht in der Qualität herabgemindert? Mir fällt auf, dass die Geburten der eigenen Kinder im Leben Bachs fast wie eine Selbstverständlichkeit oder wie eine Nebensächlichkeit erscheinen. Und aller Nachdruck und alle Aufmerksamkeit sich auf die Geburt des einen Kindes konzentriert, dessen Ankunft zu Weihnachten gefeiert wird. Das wird mit Pauken und Trompeten, wird mit Jubelchören noch und noch begrüßt. In der Geburt im Stall von Bethlehem verdichtet sich offenbar alles, was zu einer Geburt zu sagen ist.

Dabei ist die Geburt eines Menschen, neben seinem Sterben, eine der beiden grundlegenden Voraussetzungen des menschlichen Lebens in dieser Welt überhaupt. Hannah Arendt, die in Hannover geborene und in New York gestorbene, kosmopolitische Philosophin, hat in ihrem Buch über die „Vita activa" die „Natalität", das Geborensein, als eine elementare philosophische und politische Kategorie in aller Ausführlichkeit entwickelt. Die Geburt eines Menschen ist, trotz aller Planung, das „Wunder" schlechthin, weil sie den unabänderlichen Ablauf der Normalität des Lebens zerreißt und den „Anfang des Anfangens", also die menschliche Freiheit und Unverwechselbarkeit des Individuums konstituiert. Nur, wo das Geborensein des Menschen voll erfahren wird, öffnet sich der Horizont der Zukunft. Wird es im Leben so etwas geben können wie „Glaube und Hoffnung". Dass man in der Welt Vertrauen haben kann und dass man für die Welt hoffen darf, versteht sich aber offenbar auch für Hannah Arendt trotz aller Hinweise auf die verschiedenen Dimensionen der Natalität des Menschen nicht von selbst. Einen Garanten für den Glauben, die Hoffnung und das Vertrauen braucht es, um Lebensgewissheit und Sterbensgewissheit in dieser Welt durchzuhalten. Dass viele Menschen diesen Garanten in dem Mann aus Nazareth gefunden haben, deutet der Nachdruck an, der im christlichen Glauben auf die Geburt des Kindes im Stall von Bethlehem gelegt wird. Knapper und schöner ist es nirgendwo anders als in der Weihnachtsgeschichte ausgedrückt, dass man für sich selbst und für die Welt hoffen darf. Eben in der Verkündigung der „frohen Botschaft": „Uns ist heute ein Kind geboren".

In der Kantate „Unser Mund sei voll Lachens" begrüßt Bach die Geburt dieses Kindes mit einer veritablen Festmusik. 3 Trompeten, Pauken, 2 Flöten, 3 Oboen, Fagott und Streicher: Das ergibt eine mächtige Eingangsmusik. Bach benutzt für diesen Eingangssatz eine frühere Komposition, die Ouvertüre der Orchestersuite D-Dur BWV 1069, und der Charakter der französischen Ouvertüre – langsam – schnell – langsam – prägt diese wunderbare Komposition. Die Diskrepanz, dass das eben geborene Kind bei dieser gewaltigen Musik wahrscheinlich zu schreien angefangen hätte, stört den Komponisten nicht. Die Geburt des Weltenherrschers, nicht die Szene einer realen Geburt unterwegs, hat er vor Augen, und diesem Einzug des Gottessohnes in die Welt gilt die Begrüßung. Der gesamte Text der Kantate von Georg Christian Lehms, der ohne frei gedichtete Rezitative auskommt, enthält nur ein einziges Zitat aus der Weihnachtsgeschichte (das Duett: Ehre sei Gott in der Höhe). Die Kantate ist eine theologische Reflexion über Weihnachten, und die Geburtsgeschichte aus Lukas 2 wird schlicht vorausgesetzt.

Das gilt vor allen Dingen für den chorischen Teil des Eingangssatzes. „Unser Mund sei voll Lachens" zitiert Psalm 126, der die Hoffnung und die Sehnsucht der Israeliten im babylonischen Exil beschreibt. „Wenn der Herr die Gefangenen Zions erlösen wird, so werden wir sein wie die Träumenden". Auch wenn der gesamte Psalm nicht im Wortlaut ertönt, so sind doch die theologischen Assoziationen wirksam. In der Geburt des Gotteskindes ist die Erlösung da, auf die Israel gehofft hatte. Deshalb setzt postwendend das Lachen und Rühmen der Erlösten ein.

Über dieses Kabinettstück kompositorischer Genialität kann man lange Überlegungen anstellen. „Unser Mund sei voll Lachens": Bach beschreibt nicht das Lachen der Erlösten, erzählt auch nicht von ihrem Gelächter, sondern er vollzieht es. Singend lacht der Chor, oder lachend singt er. Wie kann man diese Art von Humor beschreiben, frage ich mich sofort? Ist es ein Auslachen der unerlösten Welt, aus der Gewissheit der Erlösung heraus? So wie das Auslachen wahrscheinlich der Ursprung des Witzes und des Humors der ersten Menschen war, die das Lachen erfunden haben. Ein Gefühl von Überlegenheit vermittelte das Lachen, auch wenn man sich am Ende vielleicht als der Unterlegene entdeckte. Diese kontrafaktische Seite des Humors, die die Wirklichkeit ein Stück weit aushebelt, ist bis heute seine wirksamste Seite geblieben. Deshalb gedeihen Humor und Witz am besten in Diktaturen und Zwangssystemen. Wo es unter Umständen den Kopf kosten kann, wenn der Witz an den falschen Adressaten gerät.

Aber auch hier setzt Bach das Geschehen der Weihnacht eher voraus, als dass er dieses selbst beschreibt. Die Erlösung der unerlösten Welt ist da in der Geburt dieses Kindes, das muss man nicht in der Distanz des Weltabstandes erst heraufzuführen suchen. So ist es das Lachen der Zustimmung und der Einstimmung, das der Chor vollzieht. Das wird ein Riesengelächter sein, wenn wir entdecken, dass wir uns nicht mehr zu fürchten brauchen, dass wir eine ewige und wunderbare Hoffnung haben. Entsprechend prononciert betont der Sologesang des Basses: „Der Herr hat Großes an uns getan!" Darauf kann die Festmusik des Eingangs wieder den Schlussakzent setzen.

Die, von den beiden Flöten begleitete, nachdenkliche Tenorarie unterstreicht noch einmal die theologische Zentralaussage der Weihnacht: „Er wird Mensch und dies allein / Daß wir Himmelskinder sein". Der „fröhliche Wechsel", von dem Martin Luther immer wieder gesprochen hat, findet in diesen Worten eine geradezu klassische Formulierung. Mit einem Überleitungs-Rezitativ des Basses beginnt dann aber eine Alt-Arie, die in der Begleit-CD zu hören ist und die nach meinem Empfinden zu dem Erstaunlichsten gehört, was Bach zu Weihnachten komponiert hat.

Schon der Textentwurf von Georg Christian Lehms biegt die Aussage der biblischen Vorlage um. „Ach Herr, was ist ein Menschenkind / Daß du sein Heil so schmerzlich suchest", singt der Alt mit einer obligaten Oboen-Begleitung. Deutlich angespielt ist damit auf Psalm 8 mit seinen einprägsamen Worten „Was ist der Mensch, dass du seiner gedenkst, und des Menschen Sohn, dass du dich seiner annimmst" (8, 5). Aber dieser Psalm, den man so leicht als klagenden Ausruf über die Kümmerlichkeit menschlichen Lebens verstehen kann, ist in seinem Zusammenhang ein Lobpreis der wunderbaren Schöpfung Mensch. „Du hast ihn wenig niedriger gemacht als Gott, mit Ehre und Herrlichkeit hast du ihn gekrönt" (8, 6). Zum Herrn über deine Schöpfung hast du ihn gemacht, rühmt der Psalmist seinen Schöpfer. Lehms macht aus diesem Lied über die Hoheit des Menschen eine Klage über seine Niedrigkeit. „Ein Wurm, den du verfluchst, / Wenn Höll und Satan um ihn sind". Den Fall in die tiefste Tiefe beschreibt er. Dies aber offensichtlich, um die Größe der Liebe Gottes zu preisen, der den Menschen in dieser Anfechtung und Kümmerlichkeit seines Lebens aufsucht.

Und Bach folgt seinem Textautor mit einer Melodie, in der sich Liebe und Schmerz wechselseitig durchdringen. Der festliche Charakter der Weihnachtsmusik wird radikal unterbrochen, ein anderer Ton wird angeschlagen. Bei der Geburt eines Menschen herrschen nicht nur Jubel und Freude. Unter Mühen und Schmerzen sollst du Kinder gebären, sagt Gott zu Eva bei der Ausweisung von Adam und Eva aus dem Paradies (1. Mose 3). Erfahrbare Realität ist das bei jeder Geburt, und der Schmerz ist der Vorbote des Todes. Die Liebe, die den Menschen sucht, hört darum nicht auf; die Oboe d'amore singt, als Stimme der Liebe, ihre Melodie weiter und singt sie in unser Herz. Aber Bach ist offensichtlich tief angerührt von einer einzigen Textzeile seiner Vorlage: „Daß du sein Heil so schmerzlich suchest".

Schon ein flüchtiger Blick in die Biographie Johann Sebastian Bachs macht deutlich, dass sein Leben von Todeserfahrungen umstellt ist. Von seinen acht Geschwistern haben nur vier das Erwachsenenalter erreicht. Bewusst miterlebt hat er den Tod seines Bruders Johann Balthasar, der starb, als Johann Sebastian sechs Jahre alt war. Wie schon erwähnt, verlor er seine Mutter mit neun und seinen Vater ein knappes Jahr später. Noch tiefer griff der Tod und der

Schmerz des Sterbens in die spätere eigene Familie Johann Sebastian Bachs ein, und noch enger war das Ende mit dem Anfang, der Tod mit der Geburt verbunden. Von seinen 20 Kindern erreichten nur neun das Erwachsenenalter, und neun der 20 Kinder starben im Kindbett oder innerhalb des ersten Jahres. Noch gravierender muss es für Bach gewesen sein, dass seine erste Frau Maria Barbara während seiner Abwesenheit auf einer Reise mit seinem Dienstherren, dem Fürsten Leopold von Anhalt-Köthen, im Kindbett gestorben war. Als er in Köthen eintraf, war sie schon begraben. Auch der kleine Leopold Augustus, dessen Geburt seiner Mutter das Leben gekostet hatte, wurde nur ein knappes Jahr alt. Die Geburt von Kindern war also nicht nur dadurch für die Eltern belastend, als damit wiederum ein Esser mehr zu ernähren war. In der Position, die Johann Sebastian Bach innehatte, spielte das sicher nur eine untergeordnete Rolle. Aber jede Geburt war mit der Sorge um die Gesundheit der Mutter und um die Gesundheit der kleinen Erdenbürger verbunden. Geburt und Tod waren für die Menschen vor den Zeiten der großen medizinischen Entdeckungen und Entwicklungen offenbar viel enger miteinander verbunden, als wir uns das heute vorstellen können. Oft genug folgte auf das Taufgeläut unmittelbar das Läuten der Sterbeglocke.

Es ist den Bachforschern schon immer aufgefallen, dass die Musik zum Weihnachtsfest bei Bach sehr viele Parodien, also Umwidmungen aus zum Teil „weltlichen" Werken oder Kantaten enthält. Allein in der Kantate „Unser Mund sei voll Lachens" ist es, neben der großen Einleitung, noch das Duett „Ehre sei Gott in der Höhe", das auf einen Einlagesatz des Magnificats (BWV 243a) zurückgeht. Man hat die Häufigkeit dieser und anderer Parodien gerade in den Weihnachtsmusiken Bachs mit den großen Arbeitsbelastungen dieser Festtage erklärt, die ihn gezwungen habe, Kompositionen zusammenzuholen, wo immer er sie als für seine Zwecke brauchbar empfand.

Und in der Tat ist die Arbeitsbelastung für Bach in seiner Position gerade in diesen Tagen ungeheuerlich. Es gehörte nicht nur zu seinen Verpflichtungen, an allen drei Feiertagen in den beiden Hauptkirchen St. Nikolai und St. Thomas im Hauptgottesdienst und in der Vesper am Nachmittag jeweils unterschiedliche Kompositionen zur Aufführung zu bringen (die überragende Bedeutung des Heiligabends für unser heutiges Weihnachtsfest hat sich offenbar, obwohl der Brauch der „Christvesper" auf die Reformationszeit zurückgeht, erst im 19. Jahrhundert entwickelt). Bach musste, zumindest am 1. Feiertag, auch noch die Universitätskirche, die Paulinerkirche, mit Musik versorgen. Wen kann es da verwundern, dass nicht jede Note in dieser Häufung der Musiken als Originalkomposition auf die Welt kam.

Aber kann es, neben seiner Arbeitsbelastung, nicht auch eine Rolle spielen, dass das Fest einer Geburt in der Erfahrungswelt Bachs mit durchaus zwiespältigen Erfahrungen verbunden war? So dass die weihnachtliche Festfreude, die die Gemeinde an diesen Tagen von ihm erwarten konnte, ihm nicht so ungebrochen aus der Feder floss? Viele der Sätze, die wir heute umfassend als Ausdruck genuinen Weihnachtsjubels empfinden, sind Parodien. Das betrifft, wie schon erwähnt, den Einleitungssatz unserer Kantate. Es betrifft aber auch den Eingangschor der 1. Kantate des Weihnachtsoratoriums, den – denke ich – alle als den Höhepunkt des Jubels über die Geburt im Stall von Bethlehem empfinden: „Jauchzet, frohlocket, auf preiset die Tage". Dass die Ursprungskomposition der „Königin-Kantate" auf einen durchaus säkularen Huldigungstext erfolgte („Tönet, ihr Pauken, erschallet, Trompeten, klingende Saiten erfüllet die Luft") muss nicht die Gewichtigkeit und Ernsthaftigkeit des Jubels über die Geburt des Jesuskindes in Frage stellen. Man kann sich aber fragen, ob Bach nicht lieber auf solche ungebrochenen Jubelmusiken zurückgriff, wenn er den Erwartungen seiner Gemeinden von St. Nikolai und St. Thomas entsprechen wollte. Weil für sein Gefühl und für seine Theologie Bethlehem und Golgatha viel enger zusammengehörten, als es offenbar die Gemeinden an diesen Festtagen wahrzunehmen bereit und willens waren. Vielleicht sind viele dieser Weihnachtsmusiken bestimmt von einer „geliehenen Festfreude", die den Anderen die Stimmung nicht verderben will. Man kann nur Vermutungen anstellen, Sicherheiten sind da in keiner Weise zu gewinnen. Möglicherweise ist aber die Alt-Arie „Ach Herr, was ist ein Menschenkind" die Musik, mit der man zu Weihnachten am tiefsten in das Herz dieses Komponisten blicken kann.

Mit dem als Duett gestalteten Weihnachtslob der Engel im Himmel („Ehre sei Gott in der Höhe") und dem von der Trompete begleiteten Weckruf des Basses („Wacht auf, ihr Adern und Glieder") schwingt sich die Kantate noch einmal hinauf auf das Niveau der Festtagsstimmung. Eine reich instrumentierte, aber dennoch schlichte 5. Strophe des Chorals „Wir Christenleut" von Kaspar Füger bringt diese Weihnachtsmusik erstaunlich schnell an ein Ende.

# Von den Übergängen

**BWV 41 „Jesu, nun sei gepreiset" – Kantate zum Neuen Jahr**
**CD: Choral „Dein ist allein die Ehre!"** 1.52 Min.

Das Jahr ist alt geworden, ein neues Jahr steht an der angelehnten Tür. Die Böller und Leuchtraketen gelten seiner Begrüßung. Vielleicht wollen sie auch den vermuteten Dämonen wehren. „Komm gut rüber", haben die Freunde und Berufskollegen uns gewünscht. Die Übergänge scheinen ein Problem zu sein. Was wird es mit sich bringen, dieses neue Jahr? Was wird es in die Annalen der Weltgeschichte, was wird es in unsere persönliche Lebensgeschichte schreiben? Die Prognosen der Staatsoberhäupter und der Kommentatoren bleiben vorsichtig. Kein leichtes, kein friedliches, vielleicht sogar ein hartes Jahr stünde uns bevor. So sagen sie. Und dennoch: Mit Zuversicht könne man es beginnen. Man will ja keine Angst vor dem Kommenden verbreiten! Die Horizontabschreitung der Zukunft bleibt zu Recht im Vagen. Wir könnten sonst die Enttäuschung der Kinder erleben, die entdecken, dass der Horizont, der so nah und greifbar erscheint, absolut unerreichbar bleibt. Die Unendlichkeit des Raumes setzt sich fort in der Unvorhersehbarkeit der Zeit.

Der vorsichtige Optimismus, mit dem viele von uns ein Neues Jahr beginnen, wird bei Johann Sebastian Bach mit dem ersten Ton seiner Neujahrskantate beiseite gewischt. Trompeten und Pauken und das ganze Orchester stimmen ein grandioses Lied voller Zuversicht an. So müsste man hineingehen können in eine neue Zeit, denke ich sofort. So voller Schwung und Kraft und Vertrauen in eine gute Zukunft, die anscheinend durch keine Widrigkeiten in Frage zu stellen ist. Das erste Wort aber des ebenso machtvoll einsetzenden Chores macht sogleich deutlich, dass diese Zukunftsgewissheit sich nicht aus der Gelassenheit eines unerschütterbaren Selbstvertrauens speist. „Jesu, nun sei gepreiset / Zu diesem neuen Jahr" singt der Chor wie mit einer Stimme, und die sofort einsetzende Vielstimmigkeit unterstreicht diese Aussage nur. Dass auch das kommende Jahr ein „Anno Domini", ein Jahr des Herrn ist, daran kann überhaupt nicht gerüttelt werden. Aus dieser Gewissheit kommt offenbar die emotionale Kraft, das neue Jahr mit Begeisterung zu begrüßen. „Daß wir haben erlebet / Die neu fröhliche Zeit, / Die voller Gnade schwebet / Und ewger Seligkeit".

Was hat sich eigentlich in den drei Jahrhunderten seit Bach zugetragen, dass wir einen solchen Eingangssatz wie diesen in der Kantate BWV 41 zwar weithin

## Jesu, nun sei gepreiset — BWV 41

**1 Chor**
Jesu, nun sei gepreiset / Zu diesem neuen Jahr / Für dein Güt, uns beweiset / In aller Not und Gfahr. / Daß wir haben erlebet / Die neu fröhliche Zeit, / Die voller Gnade schwebet / Und ewger Seligkeit; / Daß wir in guter Stille / Das alt Jahr habn erfüllet. / Wir wolln uns dir ergeben / Itzund und immerdar, / Behüt Leib, Seel und Leben / Hinfort durchs ganze Jahr.

**2 Arie**
Laß uns, o höchster Gott, das Jahr vollbringen, / Damit das Ende so, wie dessen Anfang sei. / Es stehe deine Hand uns bei, / Daß künftig bei des Jahres Schluß / Wir bei des Segens Überfluß / Wie itzt ein Halleluja singen.

**3 Rezitativ**
Ach! Deine Hand, dein Segen muß allein / Das A und O der Anfang und das Ende sein. / Das Leben trägest du in deiner Hand, / und unsre Tage sind bei dir geschrieben; / Dein Auge sieht auf Stadt und Land / Du zählest unser Wohl und kennest unser Leiden, / Ach, gib von beiden / Was deine Weisheit will, wozu dich dein Erbarmen angetrieben.

**4 Arie**
Woferne du den edlen Frieden / Vor unsern Leib und Stand beschieden, / So laß der Seele doch dein seligmachend Wort! / Wenn uns dies Heil begegnet, / So sind wir hier gesegnet / Und Auserwählte dort.

**5 Rezitativ**
Doch weil der Feind bei Tag und Nacht / Zu unserm Schaden wacht / Und unsre Ruhe will verstören, / So wollest du, o Herre Gott, erhören, / Wenn wir in heiliger Gemeinde beten: / Den Satan unter unsre Füße treten. / So bleiben wir zu deinem Ruhm / Dein auserwähltes Eigentum / Und können auch nach Kreuz und Leiden / Zur Herrlichkeit von hinnen scheiden.

**6 Choral**
Dein ist allein die Ehre, / Dein ist allein der Ruhm. / Geduld im Kreuz uns lehre, / Regier all unser Tun, / Bis wir fröhlich abscheiden / Ins ewig' Himmelreich, / Zum wahren Fried und Freuden. / Den Heilgen Gottes gleich. / Indes machs mit uns allen / Nach deinem Wohlgefallen! / Solchs singet heut ohn Scherzen / Die christgläubige Schar / Und wünscht mit Mund und Herzen / Ein seligs neues Jahr.

mit gefühlsmäßiger Zustimmung hören, aber solche Aussagen als eigene Zustandsbeschreibung beim Jahreswechsel nur in Ausnahmefällen selbst so formulieren würden? Ich vermute, der Zugewinn an Selbstbestimmung und Selbstbewusstsein hat das Gefährdungspotential der Zukunft bewusster gemacht. Im neuen Jahr kann alles anders werden, als es im alten war. Die Angst vor den unbeeinflussbaren Veränderungen hat sich in dem Maße vergrößert, in dem meine Einsicht in die differenzierten Beziehungsgeflechte des Lebens gewachsen ist. Ein einziger Verlust eines geliebten Menschen kann alles, alles ändern. Das hat die Frage nach dem Herrn über die Zeiten, der das Vergangene wie auch das Kommende überschaut, nicht überflüssig gemacht. Aber der Weg zu einer Zukunftszuversicht ist weit, unendlich weit, und manchmal ein Weg ohne ein Ziel geworden.

Aber wie einem auch zumute sein mag am Anfang eines neuen Jahres: Die, die überhaupt etwas für klassische Musik übrig haben, hören bei solchen Übergängen gerne Bach. „Bach statt Böller" scheint eine gute Devise zu sein. Ob es helfen kann, sich in den Geist hinein zu versetzen, aus dem heraus Bach diese triumphale Musik geschrieben hat, um einen Zuwachs an Zukunftszuversicht zu gewinnen? Für Menschen allerdings, denen die christliche Frömmigkeit nur noch ein historisches Phänomen ist, scheint der Hinweis, dass Bach ohne die Glaubenstradition seiner Zeit nicht zu verstehen sei, kein schlüssiges Argument zu sein. Ein eindrückliches Beispiel dafür ist der Schriftsteller Maarten t'Hart mit seinem vielgelesenen Buch „Bach und ich". Ich kenne kaum einen Zeitgenossen, der von Bach begeisterter wäre als dieser Mann. Mauricio Kagel zitiert er mit seiner frechen Bemerkung: „Nicht alle Menschen glauben an Gott, aber sie alle glauben an Johann Sebastian Bach". Und seine eigene Verehrung Bachs drückt Maarten t'Hart aus mit den Worten des „Schema Jisrael": Dass man Gott den Herrn lieben solle mit ganzem Herzen, ganzer Seele und aller Kraft (5. Mose 6, 5). Er könne über Bach nur schreiben als über den Mann, der ihn als Kind mit seiner Musik „in seine Obhut genommen habe und den ich über alles liebe mit ganzem Herzen, ganzer Seele, ganzem Verstand und all meiner Kraft". Mit der Frage nach der Frömmigkeit Bachs als einer Zugangsvoraussetzung für das Verständnis seines Werkes wird Maarten t'Hart dann aber nur so fertig, dass er sich ausgiebig mit dem Parodieverfahren des Meisters beschäftigt. Dass Bach die gleiche Musik sowohl für weltliche wie für geistliche Texte benutzen konnte, zeige doch wohl an, dass ihm die Frage nach der Rechtgläubigkeit und der Frömmigkeit nicht so wichtig war. Und dieser Maarten t'Hart, „seit jeher ein ungläubiger Thomas", scheint gar nicht zu merken, dass er sein über alles verehrtes Idol damit insgeheim der Heuchelei und der Bigotterie verdächtigt.

Schon die ersten Töne des Eingangssatzes der Kantate „Jesu, nun sei gepreiset" lassen derartige Überlegungen wie einen Luftballon zerplatzen. Mächtig begrüßen die Trompeten und Pauken, eindrucksvoll besingt der Chor das neue Jahr. Nein, Musik und Text, tönender Klang und geistlicher Gedanke gehören unauflösbar zusammen. Wie Bach die Kantate für die Gottesdienste in St. Thomas und St. Nikolai in Leipzig zusammengestellt hat, so ist es absolut überzeugend: Diese Einheit wird nicht dadurch aufgelöst, dass Bach hier und da – nicht in dieser Kantate – ältere Musikstücke aus instrumentalen oder säkularen Werken in einen neuen geistlichen Zusammenhang stellt. Auch in dieser Kantate kann man wahrnehmen, wie genau Bach in seiner Musik auf die Stimmung der Texte hört. Aber in einem, vermute ich, hat Maarten t'Hart doch Recht: Es gibt einen Überschuss der Musik gegenüber dem Wort. Anders wäre es auch kaum zu verstehen, dass viele Bach-Kantaten trotz – nach heutigem Verständnis – manchmal völlig unmöglicher Texte ihre Lebendigkeit behalten haben.

Mit jedem Ton dieser Kantate springt dieser Überschuss der Musik in die Ohren, breitet sich sofort im ganzen Körper des Hörers aus. „Jesu, nun sei gepreiset / Zu diesem neuen Jahr": Da wird der Lobpreis Gottes in den Übergängen des Jahres und des Lebens nicht etwa nur empfohlen oder angemahnt. Da wird er einfach vollzogen. Mit allen Kräften des Leibes und der Seele, mit der ganzen Existenz des Menschen gehen die Musikerinnen und Musiker und Sängerinnen und Sänger in den Jubel über Gottes Anwesenheit und Nähe hinein. Und der Hörer wird mitgenommen, wird geradezu überwältigt von der Gewissheit der Gegenwart Gottes in den Höhen und in den Tiefen des Lebens. Wird an den Armen gepackt und hineingestellt in einen weiten Horizont. Exemplarisch zeigt sich das Verhältnis von geistlichem Text und zupackender Musik. Der Text der Kantate verdampft nicht in der Überfülle der Musik. Nein, die Musik vollzieht, was die Worte ansagen. Diese Musik macht die Inhalte gegenwärtig, entschlüsselt sie, verringert die Distanzen. Sie lässt den Hörer und die Hörerin leichter begreifen, worum es in den Übergängen, worum es in der Geschichte der Welt geht und wie es um das Wohl und Wehe des Menschen und seiner Seele steht. So wird gerade der Vorrang der Musik zu einer Einübung in den Glauben. Stellvertretender Glaube ist das. Ein Platz des Glaubens wird für mich als Hörer freigehalten. Ob ich ihn einnehmen will, das ist dann meine Sache.

Besonders schön zeigt sich das alles in der Mitte des Einleitungssatzes der Kantate BWV 41. Geradezu frenetisch, wirklich mit Pauken und Trompeten, ist Gott gepriesen worden für seine Güte und Gnade, für seine bewahrende

Macht, deren sich der Glaubende im Lob Gottes auch für das kommende Jahr vergewissert. Und dann wird es auf einmal ganz ruhig. „Daß wir in guter Stille / Das alt Jahr habn erfüllet". Nachdenklichkeit breitet sich aus, die Stille ist körperlich spürbar, ergreift alle Glieder und das Herz. Das alte Jahr steht noch einmal vor dem inneren Auge des Hörers. Mit allem, was es an Schönem und an Schwerem gebracht hat. Und dann wirft sich der Chor, in einer Fuge, wiederum mutig und voller Vertrauen in die Zukunft hinein. „Wir wolln uns dir ergeben / Itzund und immerdar, / Behüt Leib, Seel und Leben / Hinfort durchs ganze Jahr". Mit dem zukunftsgewissen Lobpreis Gottes endet die Kantate so, wie sie begonnen hatte.

Der Schlusschoral, den wir auf der beigefügten CD zu Gehör bringen, wiederholt in Kürze diese Gotteszuversicht des Glaubens in den Übergängen des Lebens. Der Blick zurück, auf das vergangene Jahr, ist passé. Konzentriert geht der Blick nach vorn, ja, bis zum „fröhlichen Abschied ins ewige Himmelreich". Das Orchester nimmt, in den Zwischenspielen, mit Pauken und Trompeten den Lobgesang der Einleitung wieder auf. Aber die Zukunftsgewissheit des Glaubens ist kein anfechtungsfreier Raum. In der Bitte um „Geduld im Kreuz", um Gottes Regiment in den Widerfahrnissen des Lebens verbirgt sich die Ahnung, was alles in dem neuen Jahr an Herausforderungen für die Bewährung des Glaubens stecken könnte. Jedoch: Der Rhythmus des Neuen als einer neuen Gotteszeit ist längst in Fleisch und Blut übergegangen. In allem und über allem liegt das Gefühl eines absoluten Vertrauens: „Indes machs mit uns allen / Nach deinem Wohlgefallen". Was auch kommt, Er wird's gut machen! Ein Taktwechsel kündigt die Bewegtheit der anbrechenden Zeiten an. Das neue Jahr kann kommen. Es wird ein „Anno Domini", ein „seligs neues Jahr" sein.

Die beiden Arien der Kantate spiegeln diese Atmosphäre einer vertrauensvollen Zuversicht. „Laß uns, o höchster Gott, das Jahr vollbringen, / Damit das Ende so, wie dessen Anfang sei". Geradezu tänzerisch kommt die Pastorale daher, als ob alles Kommende ein Leichtes sei. Und die Tenorarie „Woferne du den edlen Frieden" mit dem wunderbaren Solopart des Violoncello piccolo zeigt die Nachdenklichkeit, die den Frieden im Lande mit dem Heil der Seele Hand in Hand sieht. So kann man nur singen und musizieren, wenn die Angst vor der Zukunft gebannt ist.

Mit dieser Musik des Johann Sebastian Bach gehen wir in ein neues Jahr. Bekanntes, aber auch Aufregendes und Unbekanntes wird es bringen. Man kann am Anfang des Jahres nicht sagen, wo wir am Ende sein werden. Die Übergänge führen in ein unbekanntes Land. Aber die Musik des großen Meisters nährt die Hoffnung, dass Einer mitgeht im Wechsel der Zeiten. Mit ihrer sinnlichen Erfahrbarkeit baut sie an der Gewissheit, dass Gott da ist mit einer die Welt durchdringenden und umfassenden Nähe.

# Von den Weisen

**BWV 65 „Sie werden aus Saba alle kommen" – Kantate zum Epiphaniasfest**
**CD: Arie (Bass): „Gold aus Ophir ist zu schlecht"** 2.53 Min.

Man kommt aus dem Staunen nicht heraus. Da ertönt im Eingangssatz noch einmal eine rundherum schöne weihnachtliche Festmusik. Mit dem Sehnsuchtsklang der Hörner und der Jagdoboen, der Oboen da caccia, erreichen die Streicher zusammen mit den hohen Blockflöten eine musikalische Vielfältigkeit, die ihresgleichen sucht. Im tänzerischen 12/8-Rhythmus sieht man im Geiste eine Kavalkade heranziehen. Bedächtig kommen sie heran, keineswegs zu schnell. Eine Kamelkarawane könnte das sein. Dann setzt der Chor ein, mit einer sich übersteigernden Kanonbildung und später mit einer großen Fuge deutet er die Menge der Heranziehenden an. „Sie werden aus Saba alle kommen", singt er. In immer erneuten Wiederholungen und durch alle Stimmen hindurch erklingt dieser Satz. Man ist am Ende geneigt, die Wiederholungen zu zählen. Dass die Kommenden Gold und Weihrauch bringen, um des Herrn Lob zu verkündigen: Das gerät zur Nebensache. Auf das Kommen, auf das Herbeiströmen aus Saba kommt es dem Komponisten an. Man hat natürlich, bei einer Kantate zum Epiphaniasfest, die Geschichte des Zuges der drei Weisen oder der drei Könige aus dem Morgenland im Hinterkopf. Irgendwie, ahnt man, wird dieser Satz „Sie werden aus Saba alle kommen" mit jener Geschichte zu tun haben. Aber kein Mensch weiß heute, was „Saba" eigentlich bedeutet. Wenn es ein Land sein sollte, wo es liegt. Und was die Kantate damit sagen will, dass sie das Kommen aus Saba so ohne Ende besingt.

Johann Sebastian Bach wusste natürlich, was er da komponierte. Und das ist der erste Anlass für mein Staunen: meine Bewunderung der enormen Bibelkenntnis der damaligen Zeit. Natürlich hatte man damals, und das setze ich auch bei Bach einfach voraus, die eindrückliche Geschichte von dem Besuch der Königin von Saba bei König Salomo in 1. Könige 10 vor Augen. Die Sabäer, das war das Volk im heutigen Nordost-Jemen mit der Hauptstadt Marib, das vom 7. bis zum 4. Jahrhundert vor Christus auf dem Höhepunkt seiner Macht stand und das südliche Arabien beherrschte. Eigenartig, wie manche Völker, anders als die Assyrer und die Babylonier, nahezu spurlos untergegangen sind.

**1 Chor**
Sie werden aus Saba alle kommen, Gold und Weihrauch bringen und des Herren Lob verkündigen.

**2 Choral**
Die Kön'ge aus Saba kamen dar, / Gold, Weihrauch, Myrrhen brachten sie dar, / Alleluja!

**3 Rezitativ**
Was dort Jesaias vorhergesehn, / Das ist zu Bethlehem geschehn. / Hier stellen sich die Weisen / Bei Jesu Krippe ein / Und wollen ihn als ihren König preisen. / Gold, Weihrauch, Myrrhen sind / Die köstlichen Geschenke, / Womit sie dieses Jesuskind / Zu Bethlehem im Stall beehren. / Mein Jesu, wenn ich itzt an meine Pflicht gedenke, / Muß ist mich auch zu deiner Krippe kehren / Und gleichfalls dankbar sein: / Denn dieser Tag ist mir ein Tag der Freuden, / Da du, o Lebensfürst, / Das Licht der Heiden / Und ihr Erlöser wirst. / Was aber bring ich wohl, du Himmelskönig? / Ist dir mein Herze nicht zuwenig, / So nimm es gnädig an, / Weil ich nichts Edlers bringen kann.

**4 Arie**
Gold aus Ophir ist zu schlecht, / Weg, nur weg mit eitlen Gaben, / Die ihr aus der Erde brecht! / Jesus will das Herze haben, / Schenke dies, o Christenschar, / Jesu zu dem neuen Jahr!

**5 Rezitativ**
Verschmähe nicht, / Du, meiner Seele Licht, / Mein Herz, das ich in Demut zu dir bringe; / Es schließt ja solche Dinge / In sich zugleich mit ein, / Die deines Geistes Früchte sein. / Des Glaubens Gold, der Weihrauch des Gebets, / Die Myrrhen der Geduld sind meine Gaben, / Die sollst du, Jesu, für und für / Zum Eigentum und zum Geschenke haben. / Gib aber dich auch selber mir, / So machst du mich zum Reichsten auf der Erden; / Denn, hab ich dich, so muß / Des größten Reichtums Überfluß / Mir dermaleinst im Himmel werden.

**6 Arie**
Nimm mich dir zu eigen hin. / Nimm mein Herze zum Geschenke. / Alles, alles, was ich bin, / Was ich rede, tu und denke, / Soll, mein Heiland, nur allein / Dir zum Dienst gewidmet sein.

**7 Choral**
Ei nun, mein Gott, so fall ich dir / Getrost in deine Hände. / Nimm mich und mach es so mit mir / Bis an mein letztes Ende, / Wie du wohl weißt, dass meinem Geist / Dadurch sein Nutz entstehe, / Und deine Ehr je mehr und mehr / Sich in ihr selbst erhöhe.

Da hatte die Königin von Saba von der Weisheit und der Macht des Königs Salomo in Jerusalem gehört (Salomo: 965-926 v. Chr.). Sie kommt mit großem Gefolge, auf Kamelen, mit Gold, Edelsteinen und Spezereien als Gastgeschenken. Den König Salomo habe sie mit „Rätselfragen" geprüft. Gerne hätte man natürlich gewusst, welche kniffligen Fragen die Königin dem König vorgelegt hat. Aber das wird nicht gesagt. Salomo habe die Prüfung mit Glanz bestanden. Und die Königin von Saba bricht in eine geradezu endlose Bewunderung aus, nicht nur über die Weisheit Salomos, sondern auch über seine gesamte Regierung. „Weil der Herr Israel lieb hat ewiglich, hat er dich zum König gesetzt, dass du Recht und Gerechtigkeit übest." Diese Bewunderung einer heidnischen Königin hat eine lange Nachwirkung in Israel gehabt. Dem späteren Propheten wird dieser Besuch aus Saba zum Prototyp für das Herbeiströmen der Völker bei der sehnlichst erwarteten Ankunft des Messias. Licht wird über dem Zion aufgehen, die Heiden und die Könige werden herbeiströmen. „Sie werden aus Saba alle kommen, Gold und Weihrauch bringen und des Herren Lob verkündigen", schreibt ein anonymer Prophet bei Jesaja im 60. Kapitel (60, 6). Der Textdichter der Kantate BWV 65 nimmt dieses Wort auf, deutet es auf die Geburt des Kindes im Stall von Bethlehem. Und Johann Sebastian Bach komponiert diesen Satz als Metapher für die weltweite Bedeutung jenes Ereignisses am Weihnachtsfest. – Wenn man das alles weiß, hat dieses Wort aus Jesaja 60 seinen guten Sinn. Aber man muss seine Bibel dazu kennen. Wir heute müssen uns das alles mehr oder weniger mühsam erarbeiten.

Der andere Anlass für mein Staunen schließt sich unmittelbar an diese Sache an. Der Eingangssatz der Bach-Kantate zitiert den Bibeltext aus Jesaja 60 ohne jede Veränderung. „Sie werden aus Saba alle kommen, Gold und Weihrauch bringen und des Herren Lob verkündigen". Der Prophet des 6. Jh. v. Chr. kennt natürlich die Geschichte von dem Wunderstern und dem Kommen der Könige oder Weisen nach Bethlehem noch nicht. Aber jene Geschichte hat sich, Jahrhunderte später, erkennbar aus diesen und anderen alttestamentlichen Hinweisen entwickelt. Aus den zwei Arten von Gastgeschenken (Gold, Weihrauch) sind dann drei geworden (Gold, Weihrauch, Myrrhe). Aus der Dreizahl der Geschenke hat sich, trotz der unbestimmten Anzahl der „Könige" in der Ursprungsgeschichte bei Matthäus 2, ab dem 5. Jahrhundert nach Christus deren Dreizahl entwickelt. Am Ende weiß man sogar die Namen der drei Könige (Caspar, Balthasar, Melchior), findet ihre Reliquien und feiert weltweit deren Überführung von Mailand in den Kölner Dom am 23. Juli 1174. Dort werden sie seitdem, in einem kostbaren Schrein verborgen, andächtig verehrt.

Aber hat das alles eigentlich mit „Saba" noch etwas zu tun? „Apo anatoloon", also vom Aufgang (der Sonne), von Osten seien die Männer zur Anbetung des Kindes gekommen, heißt es im griechischen Urtext der Geschichte aus dem Evangelium des Matthäus (2, 1). Die lateinische Übersetzung der Vulgata fasst es nur scheinbar weiter: „Ab oriente" übersetzt der Kirchenvater Hieronymus die Stelle, 383 n. Chr., im Auftrag des Papstes Damasus. Aber in dieser frühen Zeit hat der Begriff „Orient" noch nicht den weiten Bedeutungsraum, den er später (ab dem 7. Jahrhundert n. Chr.) mit der Ausbreitung des Islam gewonnen hat. Um die „sol oriens", die aufgehende Sonne, also um den Osten geht es auch in der Vulgata. „Saba" oder auch „Ägypten", das man gelegentlich als Herkunftsland dieser Männer vermutet hat, liegt radikal im Süden von Jerusalem und Bethlehem. Und „magoi" seien sie gewesen. Magier, was immer das bedeuten mag. Die exegetische Forschung geht heute weithin davon aus, dass es sich bei der Karawane aus fernen Landen um babylonische Astrologen gehandelt habe. Wissenschaftler, die aus der Sternekonstellation die Geschicke der Welt und der kommenden Ereignisse herauszulesen versuchten.

All das wird der unbekannte Textdichter der Kantate und wird auch Johann Sebastian Bach gewusst, zumindest geahnt haben. Bach konnte schließlich den griechischen Urtext des Neuen Testaments lesen, in der Prima der Michaelisschule in Lüneburg hatte er das gelernt. Leider sind die Nachrichten über die persönliche Bibliothek Bachs sehr lückenhaft, so dass wir nicht wissen, ob er die griechische Ausgabe des Neuen Testaments durch Erasmus von Rotterdam besessen hat. Zumindest aber die Vulgata wird er gehabt haben; Latein war damals sozusagen noch immer die Bildungssprache der akademischen Schichten.

Doch dieses Durcheinander der verschiedenen Traditionsstränge kümmert offensichtlich die beiden Autoren der Kantate nicht einen Augenblick. Nach dem großen Eingangssatz folgt ein Vers der deutschen Version des altkirchlichen Hymnus „Puer natus in Bethlehem". Und schon werden, als schlichte Choralstrophe, die beiden Traditionslinien munter miteinander vermengt. Aus der einen Königin aus Saba werden „die Könige aus Saba". Aus der Zweizahl der Geschenke wird, in holprigen Reimen, deren Dreizahl. „Die Kön'ge aus Saba kamen dar, / Gold, Weihrauch, Myrrhen brachten sie dar, / Alleluja!" Und es ist genau diese völlige Unbekümmertheit des Umgangs mit den verschiedenen Traditionen, die meine unbeschränkte Begeisterung auslöst. Denn sie wird dem besonderen Charakter einer Legende absolut gerecht.

Die Wahrheit einer Legende liegt nicht darin, dass sie irgendwann genauso und nicht anders geschehen ist. Wichtig ist allein, dass man sie erzählt, und dass das, was sie erzählt, wichtig genug ist, um es immer aufs Neue zu durchdenken. Im Erzählen entwickeln Legenden ihre ganze Schönheit. Bilder entstehen in unserem Inneren und vor unseren Augen, die sich tief einprägen, die mit mir durch die Jahre gehen und die mich immer neu nach ihrer Wahrheit suchen lassen. Was kümmert es dich denn, hätte wahrscheinlich Bach zu mir gesagt, ob die Männer aus Saba kamen oder aus Babylon, ob sie Wissenschaftler oder Könige waren? Wichtig ist doch allein, dass von dem Kind im Stall von Bethlehem eine solche Faszination ausgeht, dass sich ihr weder die Klugen noch die Mächtigen entziehen können. Die Zuversicht will diese Geschichte stärken, dass das Evangelium von der Menschenfreundlichkeit Gottes in Jesus Christus ihre zentrale Bedeutung für die ganze Welt behalten wird. Und dass dieser Botschaft die Erdteile in ihren Repräsentanten huldigen werden.

Da aber die Wirklichkeit unserer Welt oft so ganz anders aussieht, da sie häufig mehr vom „Kampf der Religionen und Kulturen" als von der Suche nach der gemeinsamen Wahrheit geprägt ist, muss man diese Geschichte von dem Kommen der Magier aus dem Osten immer wieder erzählen. Man muss sie inszenieren. Eine wunderbare Inszenierung ist diese Epiphanias-Kantate Bachs „Sie werden aus Saba alle kommen". Da wird, im instrumentalen Vorspiel, der Hörer in Erwartungshaltung versetzt. Da stürzen die Stimmen, in gemessenen Schritten, über einander her, als wollte dann doch jeder als erster an der Krippe sein. Darauf erspielen sich, in der Fuge, die einzelnen Stimmen ihren je besonderen Part. Ehe sie sich wieder zusammenfinden und, im Choral, dem Kind mit ihren Geschenken huldigen. Legenden haben einen langen Atem, merke ich beim Hören dieser Kantate. Die Nachdenklichkeit des Hörers ist gefragt, die der Geschichte nachsinnt und seine eigenen Schlüsse daraus zieht.

Übrigens: Die schönste Inszenierung von Matthäus 2 ist der Brauch der Sternsinger. Wenn draußen die Kinder in den Gewändern der damaligen drei Erdteile durch die Straßen ziehen, an unserer Tür klingeln und für die Aktion „Adveniat", für die unsägliche Not so vieler Menschen in vielen Ländern sammeln: Da weiß ich es auf einmal wieder. Dass das Evangelium von der Barmherzigkeit Gottes in dem Kind in der Krippe diese Welt zusammenhält.

Auf einmal ist ein Bruch in der Kantate da. Nicht nur atmosphärisch, in dem weiten Atem der Erzählung von dem Wunderstern, der eine Sternstunde nicht nur für die Weisen aus fernen Landen ist. Auch der globale, grenzüberschreitende Aspekt dieser wunderbaren Legende ist auf einmal dahin. Der Autor der Textvorlage zur Kantate BWV 65 misstraut offensichtlich der immanenten Überzeugungskraft dieser Geschichte. Der Ton wird dränglerisch, verlangt sofortiges Verstehen. Und es setzt das ein, was meine Theologengeneration in den 60er Jahren des vergangenen Jahrhunderts mit Leidenschaft von vielen Kanzeln herab getrieben hat: Die „existentiale Interpretation" biblischer Texte (im Gefolge der Existenzphilosophie, vornehmlich Martin Heideggers). Die biblischen Erzählungen und Texte schienen auf einmal ungeheuer weit entfernt zu sein. Sie schienen zu sehr aus einer vergangenen Welt zu stammen, als dass sie dem heutigen Hörer noch etwas bedeuten könnten. So musste man, oft mühsam genug, den Versuch machen, hinter die Fassade der Geschichte zu kommen, um das heraus zu destillieren, was eigentlich damit gemeint sein könnte. Meist war es das, was man schon eh im Kopf hatte. Und wir alle, vermute ich, hatten keine Ahnung, dass es das alles – damals unter pietistischem Vorzeichen – schon einmal gegeben hatte.

Nachdem soeben noch in dem ersten Rezitativ der Kantate die Gaben der Könige (Gold, Weihrauch, Myrrhen) als „köstliche Geschenke" gepriesen worden sind, heißt es auf einmal in der darauf folgenden Bassarie (auf der beigefügten CD ist sie zu hören): „Gold aus Ophir ist zu schlecht". Ophir, das ist das sagenhafte Goldland des Alten Testaments (z. B. 1. Könige 9, 27), von dem keiner weiß, wo es eigentlich liegt. Wie das bei Sagen manchmal so ist. Warum ausgerechnet das Gold aus Ophir „zu schlecht" sein soll, wird niemandem einleuchten, der die Gaben der Könige als höchst aufwendige Huldigungsgeschenke für das Kind versteht.

Natürlich ist längst deutlich geworden, worauf der Autor des Kantatentextes mit der Abwertung der königlichen Huldigungsgaben zielt. Das „Herz" des Christen ist das Größte, was man dem neugeborenen Weltenkönig schenken kann. Als Morgengabe sollen die Christen zum Anfang des neuen Jahres ihr Herz dem Kind in die Krippe legen. Die Verengung des Verstehenshorizontes, die Abwertung des Äußeren und die alleinige Geltung der Innerlichkeit ist aber damit radikal vollzogen. Das zweite Rezitativ spitzt das noch einmal zu: Die Gaben der Könige werden zu bloßen Metaphern für christliche Tugenden. Das Gold ist natürlich der Glaube. Das Gebet steigt als Weihrauch zum Himmel. Warum die Myrrhe mit ihren ätherischen Ölen und ihren Bitterstoffen eine Metapher für die Geduld abgeben soll, wird das Geheimnis des anonymen Textautors bleiben.

Bach sucht zu retten, was zu retten ist. Manche Kommentatoren finden die Bassarie „Gold aus Ophir ist zu schlecht" einfallslos. Diese Einschätzung kann ich überhaupt nicht teilen. Der exotische Klang der beiden Oboen da caccia mag eine Anspielung auf das ferne Goldland sein. Vor allem aber wird die abfallende Tonfolge mit dem abrupten Schluss in dem zentralen Satz „Gold aus Ophir ist zu schlecht" geradezu sinnlich zu einer Gebärde des Wegwerfens. Die häufige Wiederholung dieses einen Satzes erscheint mir, im Zuge der ganzen Kantate, nicht als Bekräftigung, sondern eher als innere Infragestellung. Und in der darauf folgenden Tenorarie überspielt das Instrumentarium des Eingangssatzes mit der Neueröffnung des weiten Raumes endgültig die geistige Enge dieses Textes. Man hört schließlich nur noch die Musik, und die erzählt von dem langen Zug der Weisen durch die Wüste hin zu dem Kind in dem Stall, über dem der Stern von Bethlehem steht. – Dass Bach gelegentlich einen biblischen Text auch gegen seine übereifrigen Interpretatoren verteidigen muss, kann man an dieser Epiphaniaskantate studieren. Die biblischen Erzählungen haben eine sinnliche Kraft, der man nicht durch vorschnelle Aktualisierungen aufhelfen muss. Man muss sie nur erzählen können und sie auch zu inszenieren wagen. Wenn mich der Atem einer fremden unauslotbaren Geschichte berührt, dann wird mich auch ihre Botschaft irgendwann schon erreichen.

# Vom Gang nach Jerusalem

**BWV 159 „Sehet, wir gehn hinauf gen Jerusalem" – Kantate zur Passionszeit**
**CD: Arioso/Rezitativ (Bass/Alt) „Sehet! Komm, schaue doch, mein Sinn"** 2.49 Min.

Mit dem ersten Ton des einleitenden Arioso der Kantate „Sehet, wir gehn hinauf gen Jerusalem" setzt in der Continuo-Begleitung eine kurze musikalische Phrase an, die sich mehrfach wiederholt. Das „Schrittmotiv" hat Albert Schweitzer sie in seinem noch immer lesenswerten Buch über „Johann Sebastian Bach" genannt. Bach habe sich das „Schrittmotiv" nie entgehen lassen, wenn die Worte des Kantatentextes ein Laufen oder Schreiten ausdrückten. Auf der beigefügten CD ist dieses Einleitungsstück der Kantate BWV 159 zu hören. Der „Oberpost-commissarius" und „Trank-Steuereinnehmer, Weininspektor und Visir" Christian Friedrich Henrici alias Picander hatte diesen Text gedichtet, dessen reifste Leistung sicherlich der Text der bald folgenden „Matthäus-Passion" Bachs war. Anders als in der „Matthäus-Passion" wird in der Kantate bei den Dialogen von Bach die Streicherbegleitung nicht der Stimme Christi, sondern der fragenden und erschrockenen „Seele" zugeordnet. Und Christus singt, unterstützt von dem „Schrittmotiv" der Continuo-Begleitung, immer wieder die Worte „Sehet, wir gehn hinauf gen Jerusalem". Als Hörer habe ich den ansteigenden und anstrengenden Weg vor Augen, der Jesus in die „hochgebaute Stadt" und schließlich nach Golgatha führt. Dass die Jünger ihn in dieser Zielstrebigkeit nicht verstehen, dass sie ihn sogar hindern wollen, kann ich gut nachvollziehen. Auf der Septime bricht jedes Mal das „Schrittmotiv" plötzlich ab, als wende sich Jesus zu den Jüngern um. Er versucht ihnen offenbar zu erklären, worum es geht. Bis die Jünger endlich begreifen, dass sie selbst den Weg in die Hölle ziehen müssten, wenn Jesus nicht diesen Weg auf sich nähme. Eine ganze Dogmatik liegt schon in diesem kurzen Einleitungsteil.

Aber die Sinnlichkeit, mit der Bach das Gehen und Schreiten auf dem Weg nach Jerusalem schildert, hat einen doppelten Boden. Der Berg, auf dem Jerusalem liegt und auf den Jesus mit seinen Jüngern zum Beginn seiner Passion hinaufzieht, wird im Handumdrehen zum „Berg der Sünde". Die Barock-Lyrik liebt offenbar in ganz besonderer Weise die Metaphern, und hinter jeder Wahrnehmung, ob das das Meer ist, die Bäume, der Himmel oder eben ein Berg, verbirgt sich sofort ein geistiger Gehalt. Ein Poet solle „sich zuforderst schöner und guter Metaphoren befleissigen", schreibt ein Literaturwissenschaftler des 17. Jahrhunderts.

## Sehet, wir gehn hinauf gen Jerusalem BWV 159

**1 Arioso und Rezitativ**

Sehet! / Komm, schaue doch, mein Sinn, / Wo geht dein Jesus hin? / Wir gehn hinauf – / O harter Gang! hinauf? / O ungeheurer Berg, den meine Sünden zeigen! Wie sauer wirst du müssen steigen. / Gen Jerusalem. / Ach, gehe nicht! / Dein Kreuz ist dir schon zugericht'. / Wo du dich sollst zu Tode bluten; / Hier sucht man Geißeln vor, dort bindt man Ruten; / Die Bande warten dein; / Ach, gehe selber nicht hinein! / Doch bliebest du zurücke stehen, / So müßt ich selbst nicht nach Jerusalem, / Ach, leider in die Hölle gehen.

**2 Arie und Choral**

Ich folge dir nach / Ich will hier bei dir stehen, / Verachte mich doch nicht! / Durch Speichel und Schmach; / Von dir will ich nicht gehen, / Am Kreuz will ich dich noch umfangen, / Bis dir dein Herze bricht, / Dich laß ich nicht aus meiner Brust, / Wenn dein Haupt wird erblassen / Im letzten Todesstoß, / Und wenn du endlich scheiden mußt, / Alsdann will ich dich fassen, / Sollst du dein Grab in mir erlangen. / In meinem Arm und Schoß.

**3 Rezitativ**

Nun will ich mich, / Mein Jesus, über dich / In meinem Winkel grämen; / Die Welt mag immerhin / Den Gift der Wollust zu sich nehmen, / Ich labe mich an meinen Tränen / Und will mich eher nicht / Nach einer Freude sehnen, / Bis dich mein Angesicht / Wird in der Herrlichkeit erblicken, / Bis ich durch dich erlöset bin; / Da will ich mich mit dir erquicken.

**4 Arie**

Es ist vollbracht, / Das Leid ist alle, / Wir sind von unserem Sündenfalle / In Gott gerecht gemacht. / Nun will ich eilen / Und meinem Jesu Dank erteilen, / Welt, gute Nacht! / Es ist vollbracht!

**5 Choral**

Jesu, deine Passion / Ist mir lauter Freude, / Deine Wunden, Kron und Hohn / Meines Herzens Weide; / Meine Seel auf Rosen geht, / Wenn ich dran gedenke, / In dem Himmel eine Stätt / Mir deswegen schenke.

Denn die Metapher, die etwas Bildhaftes, Anschaubares mit einem Unanschaulichen, Geistigen zu einem Gleichnis zusammenfasst, hat eine wichtige Erkenntnisfunktion. Teil einer hierarchisch geordneten Weltordnung ist die Metapher, in der alles mit allem zusammengehört. So hat Gott die Welt geschaffen, lehren die zeitgenössischen Theologen, dass das Sichtbare und das Unsichtbare eine geheime Einheit bilden. Und er hat die Sehnsucht in den Geist des Menschen hinein gegeben, das Eine in dem Anderen und das Andere in dem Einen zu entdecken.

So erleben wir es in der Kantate Bachs in sinnlicher Wahrnehmung, Schritt für Schritt, mit, wie Jesus mit seinen Jüngern den Berg nach Jerusalem hinaufzieht. Zugleich geht es einen Berg hinauf, den noch niemand bestiegen hat. „O ungeheurer Berg, den meine Sünden zeigen! Wie sauer wirst du steigen müssen". Die Sünden der Menschen haben sich sozusagen von ihnen abgelöst, haben sich zu einem gewaltigen Berg, zu einem Mount Everest vielleicht, aufgetürmt. Aber wenn man diese Metapher vom „Berg der Sünde" bis in eine derartige Bildhaftigkeit hinein steigert, merkt man schnell, dass es keine individuell gebildete, vielmehr dass es eine konventionelle Redeweise ist. So hat man in der damaligen Gesellschaft vom „Berg der Sünde" geredet, ohne dass man sich seine Höhe noch wirklich vorgestellt hat. Und deshalb ist Picander wohl auch der geeignete Poet gewesen, einen solchen Kantatentext zu formulieren.

Christian Friedrich Henrici (1700-1764), der sich als Schriftsteller das Pseudonym „Picander" zulegte, war in dieser Funktion ein Mann für alle Gelegenheiten. Offenbar flossen ihm die Verse nur so einfach aus dem Munde. „Gebrauchslyrik" ohne jeden höheren Anspruch war erkennbar das, was er zuwege brachte. Hochzeitslieder, Huldigungsadressen, Possenspiele: Picander war auf allen Feldern der gesellschaftlichen Konvention zu Hause. Ob seine Hinwendung zur geistlichen Dichtung eine innere Bekehrung voraussetzte oder nur die Folge einer Auseinandersetzung mit dem Leipziger Literaturpapst Gottsched war, in der er unterliegen musste, mag offen bleiben. Auf dem Gebiet der geistlichen Dichtung kam in Leipzig Picander an Bach nicht vorbei. Zwischen 1727 und 1751 veröffentlichte er fünf Bände „Ernst-Schertzhaffte und satyrische Gedichte", von denen Bach manche in Musik gesetzt hat.
Vor allem aber: 1728 ließ er einen Jahrgang mit Texten zu Kirchenkantaten hinausgehen, der direkt auf Bach gezielt war. Vermutlich hatte es vorher Absprachen zwischen den beiden gegeben. Selbst wenn man den schwülstigen Stil der barocken Huldigungsadressen in Rechnung stellt, so mögen doch die immer wieder zitierten Sätze aus dem Vorwort dieses Buches den Schriftsteller Picander bestens charakterisieren. Er habe ein „solches Vorhaben desto lieber unternommen, weil ich mir schmeicheln darf, dass vielleicht der Mangel der poetischen Anmuth durch die Lieblichkeit des unvergleichlichen Herrn Capell-Meisters, Bachs, dürfte ersetzet, und diese Lieder in den Haupt-Kirchen des andächtigen Leipzigs angestimmet werden". Die Musik Bachs der „Lieblichkeit" zuzuordnen, scheint mir – trotz der sicherlich vorhandenen Musikkenntnisse Picanders – in den Bereich der perfekten Schmeichelei zu gehören. – Es

ist bis heute ein ungelöstes Rätsel, ob Bach die gesamten Texte dieses Bandes komponiert hat, von denen dann viele Kantaten als verloren gelten müssten. Und ob man so, nach den Kantatenjahrgängen I-III, von einem „Picander-Jahrgang" (1727/28) sprechen kann. Die Kantate „Sehet, wir gehn hinauf gen Jerusalem" würde auf jeden Fall dazugehören.

Das Problem aber, das mich am meisten beschäftigt, ist dieses: Was hat Bach an dem Poeten Picander so gereizt, dass er ihn zu seinem Lieblingslibrettisten machte? Mindestens 16 geistliche Kantaten, dazu elf weltliche Kantaten (darunter die „Kaffeekantate" und die „Bauernkantate") hat Bach nach Texten Picanders gestaltet. Zudem gehen zumindest die Texte zur Matthäus- und zur Markus-Passion, wahrscheinlich auch zum Weihnachts- und zum Osteroratorium auf diesen Autor zurück.

Eines liegt auf der Hand: Für das von Bach so oft geübte Parodie-Verfahren, säkularen Werken einen neuen, geistlichen Text zu unterlegen, war Picander der beste Poet, den man sich denken kann. Seine schriftstellerische Gewandtheit, verbunden mit seinem musikalischen Einfühlungsvermögen, war jeder Herausforderung gewachsen. Da ich absolut sicher bin, dass der Text des Weihnachtsoratoriums von Picander stammt, mag ein Hinweis auf den Anfang jener 1. Kantate genügen. Die Musik der Glückwunschkantate zum Geburtstag der sächsischen Kurfürstin und polnischen Königin Maria Josepha (BWV 214) mit den Worten „Tönet, ihr Pauken! Erschallet, Trompeten! Klingende Saiten, erfüllet die Luft!" in den Auftakt des Weihnachtsoratoriums zu übertragen „Jauchzet, frohlocket, auf preiset die Tage, rühmet, was heute der Höchste getan": Das ist schon eine poetische Meisterleistung! Die neue Verbindung von Wort und Musik ist inzwischen so eng geworden, dass man sie sich anders gar nicht mehr vorstellen kann.

Aber etwas Anderes wird Bach in seiner jahrelangen Zusammenarbeit mit Picander genauso wichtig gewesen sein, obgleich er sich – noblesse oblige – nie dazu geäußert hat. Johannes Brahms wurde einmal daraufhin angesprochen, dass er in seinen Liedvertonungen stets den großen Dichtern und den schönsten Dichtungen ausgewichen sei. Er hat beispielsweise, anders als Schumann, Schubert oder Hugo Wolf, nie Goethe vertont. Brahms hatte dafür eine einfache Erklärung. Dem vollkommenen Gedicht könne die Musik nichts Neues hinzufügen. „Die sind alle so fertig", hat er zu den Gedichten Goethes gesagt. „Dagegen kann man mit Musik nicht an." – Ich kann mir vorstellen, dass Johann Sebastian Bach in seiner Haltung zu den Texten seiner Kantaten und Oratorien Ähnliches empfunden hat. Vorlagen hat er gesucht, die er mit seiner Musik „vollenden" konnte. Denen er mit seiner Musik etwas Neues hinzufügen konnte. Dafür boten die Dichtungen Picanders eine hervorragende Ausgangsposition.

Man schaue sich daraufhin das Verhältnis von Wort und Musik im Eingangsteil der Kantate „Sehet, wir gehen hinauf gen Jerusalem" genauer an. Man spürt das Bemühen Picanders, einen ebenso intimen und persönlichen, wie auch einen dramatischen Dialog zu schreiben. Die Sinne des Hörers werden sofort herausgerufen („mein Sinn"), sein intimes Verhältnis zu Jesus wird vorausgesetzt („dein Jesus"). Anfangs ist die Sprache durchaus noch zupackend („O harter Gang", „wie sauer wirst du müssen steigen"). Aber schnell wird die Schilderung des konkreten Weges hinauf nach Jerusalem zum Anlass, die Größe und Wichtigkeit des Leidens Jesu für die Bewältigung des Sündenberges herauszustellen. Von Zeile zu Zeile wird die Sprache konventioneller und allgemeiner („das Kreuz ist aufgericht", „zu Tode bluten", „Geißeln, Bande, Ruten"). Am Ende steht die ausweglose Alternative vor dem Hörer, statt hinauf nach Jerusalem hinunter in die Hölle zu gehen. Dabei lässt sich Picander sogar den Clou der Höhendifferenz entgehen! Aus dem Dialog auf dem Wege nach Golgatha ist eine Selbstbesinnung der Christen über die Bedeutung des Leidens Christi für den eigenen Glauben und das eigene Leben geworden.

Wie anders gestaltet Bach diesen Eingang der Kantate. Bis zuletzt bleibt er ein dramatischer Dialog! Die Stimme Christi mit ihrem „Sehet", „Wir gehen hinauf", „Wir gehen hinauf nach Jerusalem" ist die dominierende Person in dieser Auseinandersetzung. Nicht einen Augenblick wird zweifelhaft, wer hier der Handelnde und das Ziel Angebende ist. Das eindrucksvolle „Schrittmotiv" tut ein Übriges, diese Stimme unüberhörbar zu machen. Und die Worte der „Seele", hier nicht – wie vielfach sonst – dem Sopran, sondern dem Alt zugeordnet, sind wirklich nur als Einspruch, als Reaktion, zuletzt als wachsende Einsicht erkennbar. Interessant ist, wie Bach den möglichen Gang in die Hölle behandelt. Er bemerkt durchaus, anders als Picander, die unterschiedliche visuelle Dimension. Aber er kostet das nicht aus, spielt die Möglichkeit nicht zur Realität hoch. Und Johann Sebastian Bach schafft es, im Sinne der Metapher die Sinnlichkeit des konkreten Weges hinauf nach Jerusalem und dessen Bedeutung für den Glauben der Christen, das Sichtbare und das Unsichtbare, beieinander zu halten. Man dringt weit in das Geheimnis der Kunst Bachs vor, denke ich, wenn man sich intensiv mit einem auch nur kleinen Stück seiner Musik auseinandersetzt.

Die darauf folgende Alt-Arie mit Choral (Sopran) atmet von Anfang bis Ende den Geist Bachs. Eine Arie mit begleitendem Choral, das ist eine seiner Spezialitäten. Das dialogische Prinzip führt zu einer enormen Verdichtung der Aussagen. Eine wunderbar fließende Melodie des Fagotts verbindet die beiden Stimmen. Auch die Nachfolge, auch das Stehen bei dem gekreuzigten Jesus ist ein Gehen, ist ein Prozess der Glaubenserweiterung, höre ich heraus. „Ich folge dir nach", singt die „Seele" (Alt). Und die Choralstimme antwortet mit der 6. Strophe des Liedes „O Haupt voll Blut und Wunden": „Ich will hier bei dir stehen, / Verachte mich doch nicht". Es scheint mir keine Frage zu sein, dass Bach auch die Struktur dieses Stückes bei Picander in Auftrag gegeben hat. Und wie die beiden Seiten, die Arie und der Choral, sich wechselseitig interpretieren, das ist bewundernswert. Das Umfassen des sterbenden Christus am Kreuz (Choral) wird am Ende zum Grab Christi in mir (Arie). Hier kann man das Zusammenwirken von Bach und Picander at its best erleben.

In dem nächsten Rezitativ stören mich dann wieder im Text Picanders einige allzu wohlfeile Metaphern („Gift der Wollust", „An seinen Tränen laben"). Aber alles wird überstrahlt von der Glaubensgewissheit der letzten Arie dieser Kantate. „Es ist vollbracht" verweist die Stimme Christi (Bass) auf das, nach Johannes, letzte Wort Jesu am Kreuz (Johannes 19, 30). Die Subjektivität Christi verschmilzt sofort mit der Glaubenserkenntnis der Gemeinde „Wir sind von unserem Sündenfalle / In Gott gerecht gemacht". Die Oboe spielt, über einem dichten Streicherklang, eine weltentrückte Melodie, in die hinein man sich verlieren kann. Noch einmal kommt Bewegung in die Passionsbetrachtung der Gemeinde hinein („Nun will ich eilen / Und meinem Jesu Dank erteilen"). Bis zu dem Punkt, an dem die Dunkelheit der Nacht in dem tiefen Ton des Basses noch einmal sichtbar wird. Aber das letzte Wort behält die absolute, wenn auch in keiner Weise überhebliche Gewissheit: Es ist vollbracht.

Die Kantate „Sehet, wir gehn hinauf gen Jerusalem" ist vermutlich, noch vor der Publikation des Textes im Druck, am 27. Februar 1727 in Leipzig uraufgeführt worden. Es ist der Sonntag Estomihi. Dies ist der letzte Sonntag vor der Passionszeit. An den sechs Sonntagen der Passionszeit schweigt die große Kirchenmusik in den Leipziger Hauptkirchen St. Thomas und St. Nikolai. Am Karfreitag 1727 hat dann Johann Sebastian Bach seine „Große Passion", die Matthäuspassion, in der Thomaskirche zum ersten Mal aufgeführt. Ein weiter Bogen spannt sich durch jene Passionszeit von dem „Es ist vollbracht" der Kantate BWV 159 bis zum Schluss der Matthäuspassion „Wir setzen uns mit Tränen nieder". Ob die Leipziger wohl die theologische Herausforderung gespürt haben, die ihnen mit den Kompositionen dieses Meisters zugemutet wurde?

# Von der Auferstehung

**BWV 31 „Der Himmel lacht! Die Erde jubilieret!" – Kantate zu Ostern**
**CD: Arie (Tenor) „Adam muß in uns verwesen"** 2.20 Min.

Das ist eine unglaubliche Musik! „Der Eingangschor ist gigantisch", urteilt Albert Schweitzer. Bach hat zu Ostern im Jahre 1715 in Weimar zusammengetrommelt, was immer an Musikern er in dieser Kleinstadt auftreiben konnte. Pauken und Trompeten, 3 Oboen, Oboe da caccia, Fagott, einen bis zur Sechsstimmigkeit aufgegliederten Streicherchor, einen fünfstimmigen Vokalchor, Solisten natürlich. Bei den Wiederaufführungen dieser Kantate an seinem ersten Osterfest in Leipzig, im April 1724, und später dann im Jahr 1731 fiel ihm das sicher leichter.

Nach dem Auftakt einer „Sonata", die mit mächtigen Fanfarenstößen absolute Aufmerksamkeit herausfordert, setzt ein Chorstück ein, das die österliche Gemeinde in eine andere Welt versetzt. „Der Himmel lacht! Die Erde jubilieret!" Kräftige Choreinsätze prägen dies als unumstößliches Faktum ein. Und die Solostimmen des Sopran und des Alt schweben in nicht enden wollenden Koloraturen darüber und bringen wirklich den Himmel zum Lachen und die Erde zum Jubilieren. Die Auferstehung Christi wird als ein großes kosmisches Ereignis mit allen Sinnen gefeiert. Das Herz hüpft im Leibe, die Stimme will sich sofort dem Jubel der Solisten und des Chores anschließen. Die Auferstehung Christi wird zum Signal der Lebendigkeit Gottes, und der Eingangschor ist ein Abbild dieses wunderbaren Lebens. Biblische Anklänge fordern die Bejahung und Zustimmung einfach heraus, nein, es ist nicht denkbar, „daß der Heiligste verwese" (Psalm 16, 10). Eine ekstatische Begeisterung überfällt am Osterfest die Christenheit, und Bach gibt diesem Jubel Ausdruck und Gestalt.

Vielleicht ist es dabei auch gut, sich kurz in die Entstehungszeit der Kantate zurückzuversetzen. Von 1708 bis 1717 ist Bach beim Herzog von Sachsen/Weimar angestellt. 1714 wird er Konzertmeister der Hofkapelle mit dem zusätzlichen Auftrag, alle vier Wochen eine Kantate für den Gottesdienst der Schlosskirche zu komponieren. Aufführungsort dieser Kantaten aber ist die sogenannte „Himmelsburg": die steil in die Höhe gebaute Schlosskirche mit zwei riesigen Emporen. Und noch eine Etage darüber, direkt unter der Decke, ist die „Capelle", die Musikempore der „Himmelsburg" mit der Orgel, Spinett

## Der Himmel lacht! Die Erde jubilieret! BWV 31

**1 Sonata**

**2 Chor**

Der Himmel lacht! Die Erde jubilieret! / Und was sie trägt in ihrem Schoß, / Der Schöpfer lebt! Der Höchste triumphieret / Und ist von Todesbanden los. / Der sich das Grab zur Ruh erlesen, / Der Heiligste kann nicht verwesen.

**3 Rezitativ**

Erwünschter Tag! Sei, Seele, wieder froh! / Das A und O, / Der erst und auch der letzte, / Den unsre schwere Schuld in Todeskerker setzte, / Ist nun gerissen aus der Not! / Der Herr war tot, / Und sieh, er lebet wieder; / Lebt unser Haupt, so leben auch die Glieder. / Der Herr hat in der Hand / Des Todes und der Hölle Schlüssel! / Der sein Gewand / Blutrot bespritzt in seinem bittern Leiden, / Will heute sich mit Schmuck und Ehren kleiden.

**4 Arie**

Fürst des Lebens, starker Streiter, / Hochgelobter Gottessohn! / Hebet dich des Kreuzes Leiter / Auf den höchsten Ehrenthron? / Wird, das dich zuvor gebunden, / Nun dein Schmuck und Edelstein? / Müssen deine Purpurwunden / Deiner Klarheit Strahlen sein?

**5 Rezitativ**

So stehe dann, du gottergebne Seele, / Mit Christo geistlich auf! Tritt an den neuen Lebenslauf! / Auf! Von des Todes Werken! / Laß, daß dein Heiland in der Welt, an deinem Leben merken! / Der Weinstock, der jetzt blüht, / Trägt keine toten Reben! Der Lebensbaum lässt seine Zweige leben! / Ein Christe flieht / Ganz elend von dem Grabe! / Er läßt den Stein, / Er läßt das Tuch der Sünden / Dahinten / Und will mit Christo lebend sein.

**6 Arie**

Adam muß in uns verwesen, / Soll der neue Mensch genesen, / Der nach Gott geschaffen ist. / Du musst geistlich auferstehen / Und aus Sündengräbern gehen, / Wenn du Christi Gliedmaß bist.

**7 Rezitativ**

Weil dann das Haupt sein Glied / Natürlich nach sich zieht, / So kann mich nichts von Jesu scheiden. / Muß ich mit Christo leiden, / So werd ich auch nach dieser Zeit / Mit Christo wieder auferstehen / Zur Ehr und Herrlichkeit / Und Gott in meinem Fleische sehen.

**8 Arie**

Letzte Stunde, brich herein, / Mir die Augen zuzudrücken! Laß mich Jesu Freudenschein / Und sein helles Licht erblicken, / Laß mich Engeln ähnlich sein!

**9 Choral**

So fahr ich hin zu Jesu Christ, / Mein' Arm tu ich ausstrecken; / So schlaf ich ein und ruhe fein, / Kein Mensch kann mich aufwecken, / Denn Jesus Christus, Gottes Sohn, / Der wird die Himmelstür auftun, / Mich führn zum ewgen Leben.

und Cembalo, 14 Sesseln für die Mitglieder der Hofkapelle und dem Raum für den Chor. Gerade bei dieser Osterkantate muss das direkt wie eine Musik aus dem Himmel gewesen sein. Himmel und Erde jubeln über die Auferstehung des Herrn, die Herzen der Menschen werden jauchzend in die Höhe gerissen und in eine andere Welt versetzt. Die Musik aus der „Himmelsburg" ist hinreißend und ist einfach schön.

Aber diesen jubelnden Ton hält Bach in seiner Osterkantate nicht durch. Das auf den Einleitungschor folgende Rezitativ und die erste Arie preisen noch den „Fürst des Lebens", der auf des „Kreuzes Leiter" den höchsten Ehrenthron erklommen hat. Die Kantate geht gedanklich und musikalisch dann aber hinüber zur Auferstehung der Christen in ihrem Leben und schließlich auch in ihrem Sterben. Der Musikwissenschaftler Arnold Schering hat schon 1942 eine Interpretation dieser Kantate vorgelegt, der viele Andere – bis heute – gefolgt sind und folgen. Schering konstatiert ein „Abbiegen von der Osterfreude", mit der die Kantate wunderbar beginnt. Aber dann nehme der Text „eine schwerverständliche Wendung", münde am Ende sogar in Todesgedanken. Das Normale wäre gewesen, bei der Todeserfahrung der Kreuzigung anzusetzen und langsam zur „Helle des Ostermorgens", zum Triumph und zum Sieg von Ostern hinüberzuleiten. „Stattdessen schreiben Dichter und Musiker in den beiden letzten Sätzen des Werkes Stücke, die ebenso gut in einer Sterbekantate stehen könnten."

Diese Wendung von der Freude über die Auferstehung Christi hin zur Auferstehungshoffnung der sterbenden Christen wird – naturgemäß – vor allem dem Textdichter der Kantate, Salomo Franck, zugeschrieben. Kirchgängern ist dieser Name vielleicht schon einmal begegnet; zwei seiner Lieder finden sich noch im Evangelischen Kirchengesangbuch – auch wenn sie nur selten gesungen werden: „So ruhest du, o meine Ruh" (EKG 74) und „Ach Gott, verlass mich nicht" (EKG 301). Seit 1701 hatte Salomo Franck das renommierte Amt eines „Oberkonsistorialsekretärs" inne; dazu war er herzoglicher Bibliothekar und Hofpoet. Als Bach den Auftrag zu den Kantatenkompositionen bekam, war Salomo Franck sein bevorzugter Partner. Von den 21 Kantaten dieser Zeit sind allein 17 nach Texten dieses Schriftstellers komponiert. Unter den Poeten, mit denen Bach in seinem Leben zusammengearbeitet hat, war Franck sicherlich der tiefgründigste und, wie ich finde, auch theologisch gebildetste. So fremd einem heutigen Hörer viele seiner Texte vorkommen: Originell und tief empfunden sind sie fast alle. „Der Weinstock, der jetzt blüht, / Trägt keine toten Reben!" dichtet Franck, und beschreibt damit ebenso bildkräftig wie sachlich zutreffend das neue Leben der Christen durch die Auferstehung Jesu Christi. Längst waren den Menschen des 17. und 18. Jahrhunderts das stolze Selbstbewusstsein von Renaissance und Humanismus durch Kriege, Pest, Zwiespalt und Tod abhanden gekommen. Ungeheure Abgründe hatten sich offenbar aufgetan: Zwischen Gott und Welt, zwischen Zeit und Ewigkeit, zwischen Tod und Leben. Die Vergänglichkeit, die vanitas, wird zu einer Grundstimmung der Menschen dieser Zeit, die die höfische Prachtentfaltung oft zu überspielen sucht. Salomo Franck und Johann Sebastian Bach haben sich offenbar, auch nach schweren persönlichen Schicksalsschlägen in beiden Familien, in dieser Grundstimmung getroffen. Aber die Kantate „Die Erde lacht! Der Himmel jubiliertet!" ist, vom Text wie von der Musik her, so intensiv gestaltet und durchdacht, dass die Frage im Raume steht: Wie überbrücken diese beiden, der Poet und der Komponist, diesen Abgrund zwischen Zeit und Ewigkeit? Was bedeutet für sie Auferstehung? Wie können wir uns überhaupt diesem zentralen Glaubensbekenntnis der Christen nähern: „Am dritten Tage auferstanden von den Toten"?

In der Zeit nach 1945, als die Kirchen nach den Katastrophen des Nationalsozialismus und des 2. Weltkriegs ihr Selbstverständnis und ihre Rolle in der Nachkriegsgesellschaft neu zu definieren suchten, hat es – vor allem in der Evangelischen Kirche – eine Kontroverse gegeben, deren Leidenschaft und Heftigkeit man sich heute kaum noch vorstellen kann. Das Thema war die Auferstehung Christi. Da waren die konservativen Kreise, die die Auferstehung Jesu als ein historisches Faktum ansahen, durchaus vergleichbar anderen geschichtlichen Ereignissen. „Das Grab war leer", war ihr Schlachtruf. Einige verstiegen sich sogar zu der Vermutung: Hätte es die Photographie damals schon gegeben, könnten wir heute auf einem Film die Erscheinungen des Auferstandenen sehen. So, wie später Maler wie Mathias Grünewald den Auferstandenen gemalt haben, wenn auch alltäglicher, übersehbarer. Um die Leibhaftigkeit und Welthaftigkeit der Auferstehung Christi ging es in diesen Kreisen. Nicht nur um einen Erkenntnis- oder einen Glaubensakt.

Da waren auf der anderen Seite diejenigen, die – im Geist der Moderne – Einspruch erhoben gegen ein traditionelles Verständnis der Auferstehung Christi. „Man kann nicht elektrisches Licht und Radioapparat benutzen, in Krankheitsfällen moderne medizinische und klinische Mittel in Anspruch nehmen und gleichzeitig an die Geister- und Wunderwelt des Neuen Testamentes glauben", hatte schon 1941 der Marburger Neutestamentler Rudolf Bultmann geschrieben. Die Auferstehung Jesu als ein objektives und von allen einsehbares Faktum zu beschreiben, sei naiv. Schließlich stammten alle Berichte über die Erscheinungen des Auferstandenen aus den Kreisen seiner Anhänger. Offenbar spiele der Glaube eine entscheidende Rolle, der die Erscheinungen des Auferstandenen als eine bestimmte Auslegung seiner Botschaft begreife. Für Bultmann ist die Auferstehung der „Ausdruck der Bedeutsamkeit des Kreuzes". Das Kreuz wird nicht zum Endpunkt der Sache mit Jesus, ist nicht ein Symbol des Scheiterns. Das Kreuz wird zum Zeichen einer neuen Geschichte im Namen Jesu, in der fortdauernden Verkündigung von ihm. Auferstehung sei eine Auferstehung ins Kerygma, in die Predigt von ihm hinein. Entscheidend ist die Gegenwart Jesu in seinem Wort, hier und jetzt.

Zurück zur Kantate Salomo Francks und Johann Sebastian Bachs. Das ist mein deutlicher Eindruck: Die Kantate übersteigt beide Positionen. Sie setzt ein beim Lobpreis der Auferstehung. Der ganze Kosmos, Himmel und Erde und was darinnen ist, jauchzen am Tag der Auferstehung des Herrn. Sicher, Bach wie Franck werden wie alle ihre Zeitgenossen die Auferstehung als ein historisches Faktum angesehen haben. Aber sie stellen das nicht heraus. Sie entfalten keine rationalistische Beweisführung. Ihre Sprache kommt nicht aus der Überzeugungskraft der Vernunft, sondern aus der Klarheit und Würde der Poesie. Es bleibt das Entscheidende, dass Menschen – und nicht nur sie – vom Sog der neuen Welt in der Auferstehung Christi erfasst werden und, in einem anderen Chor als dem der täglichen Klagelieder über den bösen Lauf der Welt, in den Lobgesang einer neuen Welt einstimmen.

Nach dem Eingangschor ist die Tenorarie „Adam muß in uns verwesen", die auf der beigefügten CD zu hören ist, der deutlichste Ausdruck dieser Verankerung der Auferstehung im Glauben der christlichen Gemeinde. Franck greift einen Gedanken des Paulus aus dem Römerbrief auf. „Wie nun durch die Sünde des Einen die Verdammnis über alle Menschen gekommen ist, so ist auch durch die Gerechtigkeit des Einen für alle die Rechtfertigung gekommen, die zum Leben führt" (5, 18). Gemeint sind, wie aus dem Zusammenhang hervorgeht, Adam und Christus. Da ist die – eher katholische – Linie Eva und neue Eva = Maria. Eva, die fast das ganze Mittelalter hindurch und darüber hinaus als das „Einfallstor der Sünde" angesehen worden ist. Die Sündenfallgeschichte diente als theologische Legitimation der Diskriminierung der Frau, an der die hingebungsvolle Verehrung der neuen Eva (Maria) nur zögernd etwas geändert hat. Salomo Franck stellt, in protestantischem Selbstbewusstsein, die Linie Adam – Christus daneben, und kratzt damit erheblich am überhöhten Selbstbildnis des Mannes.

Adam hat viele Gesichter. Adam ist, zusammen mit Eva, der nach dem Bilde Gottes geschaffene Mensch. Adam ist, mit seiner Frau, der Hüter und Bewahrer der Schöpfung, Abbild der gnädigen Gegenwart des lebenschaffenden Gottes. Adam ist aber auch, mit Eva, das Bild des Menschen, der gegen die Begrenztheit des Lebens rebelliert, der alles will und damit alles zu zerstören droht und alles zerstört. Mit Adam ist die Sünde in die Welt gekommen, sagt Paulus, und damit die Herrschaft des Todes. Auferstehung aber bedeutet den Übergang des Menschen aus der Zwangsjacke der Sünde in die Freiheit und Weite eines Lebens mit Christus.

„Adam muß in uns verwesen", dichtet Salomo Franck in barockem Überschwang der Bilder. Man spürt direkt den Modergeruch. Ich vermute, Bach ist im Grunde dieser Text zu aufdringlich und zu plakativ. Er komponiert eine Melodie von großer Selbstverständlichkeit und Klarheit, ohne den kämpferischen Akzent, den der Kantatentext vorgibt. Seit der Auferstehung Christi ist doch der Wechsel in den Christen beschlossene Sache. Wer Christi Gliedmaß ist, wird wieder zu dem neuen Menschen, zu dem er einst geschaffen worden ist. Der auferstandene Christus ist der neue Adam, und es bedarf nur eines einzigen Schrittes, den Schritt des Glaubens, um mit ihm mit einem neuen Blick in einer anderen Welt zu stehen.

Damit ist, in der Kantate, die ganze Weite des Auferstehungsglaubens im Blick. Wer an die Auferstehung glaubt, der weiß, dass der Tod in seinen unendlichen Gestalten nicht das letzte Wort hat in dieser Welt. Weil Gott das Leben liebt. Weil damit die Würde jedes Menschen unantastbar ist und bleibt. Weil niemandem die Zukunft versperrt sein soll. Wer an die Auferstehung glaubt, kann nicht endgültig zu Hause sein in einer Welt, in der geraubt, gemordet und vergewaltigt wird. Er wird für die Vision der Zukunft Gottes mit dieser Welt kämpfen, weil er eine unbändige Hoffnung bekommen hat und die Konturen einer neuen Welt, die Jesus das „Reich Gottes" nennt, in seinem Leben und in seiner Auferstehung gespürt hat.

So ist der Glaube an die Auferstehung immer auch ein Stück Rebellion gegen die Banalität und die Vorfindlichkeit der Welt. Das aber ist in Zeiten des Absolutismus, in denen Franck und Bach lebten, ein vermintes Gelände. Eine Obigkeit, sei sie fürstlich oder städtisch, die sich für das gesamte Wohlergehen ihrer Bürger zuständig fühlt, wird leicht in der Sehnsucht nach einer anderen und besseren Welt Aufstand und Revolution vermuten. Ich kann es jedenfalls nur so verstehen, dass der Text Salomo Francks die Weite des Auferstehungsglaubens so schnell wieder verlässt und in den beiden letzten Sätzen bei der Auferstehungshoffnung im Sterben landet. Das ist ein ungefährdetes, gewiss auch sachlich zutreffendes Thema theologischer Reflexion und christlicher Hoffnung. Aber man ist, im Glauben an den Sieg Christi im Leben *und* im Sterben, an einem Punkt, den man – wie auch in mancher modernen Auferstehungsinterpretation – nur als „Weltverlust" bezeichnen kann.

Die Musik Johann Sebastian Bachs aber ist ganz anders. Sie ist, auch im letzten Rezitativ in dem sieghaften Klang „Mit Christo auferstehen" oder in der dritten Arie „Letzte Stunde, brich herein" mit Sopran und obligater Oboe in ihrer unerschütterlichen Gewissheit so sinnlich und präsent, dass sie nicht nur alle Resignation, sondern auch alle Todessehnsucht weit überstrahlt. Bachs Musik ist eben nicht nur eine Musik zum Sterben. Sie ist auch – und vor allem – eine Musik zum Leben.

# Vom heiligen Geist

**BWV 172 „Erschallet, ihr Lieder" - Kantate zum Pfingstfest**
**CD: Eingangschor „Erschallet, ihr Lieder, erklinget, ihr Saiten!"** 3.55 Min.

Mit einer mächtigen Selbstaufforderung an die Kirchenmusik beginnt diese Pfingstkantate. „Erschallet, ihr Lieder, erklinget, ihr Saiten!" Mit drei Trompeten und einer Pauke hat Bach das Festorchester bei dieser vermutlich ersten Pfingstkantate angereichert, die er komponiert hat. Am 20. Mai 1714 hat sie in der Schloßkirche von Weimar ihre Uraufführung erlebt. Bach hat sie in seiner Leipziger Zeit noch oft, mindestens vier Mal, wenn auch mit leichten Veränderungen, zu Pfingsten wieder aufgeführt. Anfangs hatte er, nach dem Schlusschoral, den Eingangschor wiederholt. Das gab der Festfreude dieses Tages sicherlich noch einmal einen leuchtenden Akzent. Später hat sich Bach mit dem stilleren Schlusschoral begnügt. „Von Gott kömmt mir ein Freudenschein."

Diese Selbstaufforderung an die Kirchenmusik zum Lobe Gottes, gerade am Pfingstfest, finde ich erstaunlich und nachdenkenswert. Denn sie schreibt der Musik im Gottesdienst gerade im Zusammenhang mit der Ausgießung des heiligen Geistes eine besondere Bedeutung zu. „Gott will sich die Seelen zu Tempeln bereiten": Das ist Sinn und Zweck dieser „seligsten Zeiten". Und die Musik gibt genau dieser Verwandlung des Menschen Laut und Stimme. Deshalb kann ich eigentlich der Vermutung nichts abgewinnen, dass dieser Eingangschor – da er „sehr weltlich" klinge – möglicherweise keine Originalkomposition sei und eine dieser Komposition zugrunde liegende Glückwunschkantate vielleicht verloren gegangen sei (Alfred Dürr). Der festliche und eindrückliche, meinetwegen auch der „weltliche Charakter" dieser Musik lässt sich möglicherweise ja auch ganz anders erklären.

In den Jahren 1681/82 hatte der Wittenberger Professor Abraham Calov, der streitbare Kopf der orthodoxen Partei unter den Theologen, eine sechsbändige Bibelausgabe der Lutherübersetzung herausgegeben. Versehen hatte er den Bibeltext mit ausführlichen Kommentaren aus den deutschen und lateinischen Werken Martin Luthers; nur die Zwischenüberschriften stammten von ihm selbst. 1733 hatte Bach diesen Bibelkommentar, die sogenannte Calov-Bibel, erworben. Man wusste von ihrer Existenz aus dem Bibliotheksverzeichnis Bachs; aber sie galt als verschollen. Da tauchte sie auf einmal, nach über 200 Jahren,

**Erschallet, ihr Lieder** **BWV 172**

**1 Chor**
Erschallet, ihr Lieder, erklinget, ihr Saiten! / O seligste Zeiten! / Gott will sich die Seelen zu Tempeln bereiten.

**2 Rezitativ**
Wer mich liebet, der wird mein Wort halten, und mein Vater wird ihn lieben, und wir werden zu ihm kommen und Wohnung bei ihm machen.

**3 Arie**
Heiligste Dreieinigkeit, / Großer Gott der Ehren, / Komm doch, in der Gnadenzeit / Bei uns einzukehren, / Komm doch in die Herzenshütten, / Sind sie gleich gering und klein, / Komm und laß dich doch erbitten, / Komm und ziehe bei uns ein!

**4 Arie**
O Seelenparadies, / Das Gottes Geist durchwehet, / Der bei der Schöpfung blies, / Der Geist, der nie vergehet; / Auf, auf, bereite dich! / Der Tröster nahet sich.

**5 Arie**
Komm, laß mich nicht länger warten, / Komm, du sanfter Himmelswind, / Wehe durch den Herzensgarten! / Ich erquicke dich, mein Kind. / Liebste Liebe, die so süße, / Aller Wollust Überfluß, / Ich vergeh, wenn ich dich misse. / Nimm von mir den Gnadenkuß! / Sei im Glauben mir willkommen! / Höchste Liebe, komm herein! / Du hast mir das Herz genommen. / Ich bin dein, und du bist mein.

**6 Choral**
Von Gott kömmt mir ein Freudenschein, / Wenn du mit deinen Äugelein / Mich freundlich tust anblicken. / O Herr Jesu, mein trautes Gut, / Dein Wort, dein Geist, dein Leib und Blut / Mich innerlich erquicken. / Nimm mich / Freundlich / In dein Arme, dass ich warme werd von Gnaden; / Auf dein Wort komm ich geladen.

wieder auf. Sie war vererbt, verkauft, wieder vererbt worden und von ihrem letzten Besitzer der Concordia Seminar Library in St. Louis (Missouri, USA) übergeben worden. Und es erwies sich, dass Bach in seinem letzten Lebensjahrzehnt intensiv mit diesem Bibelkommentar gearbeitet und durch Unterstreichungen und Randbemerkungen für ihn wichtige Stellen hervorgehoben hatte. So knapp die Randbemerkungen auch sein mochten: Eine unschätzbare Quelle über Bachs theologische Einsichten war damit erschlossen, die direkt aus seinem persönlichen Studium der Heiligen Schrift stammte. Christoph Trautmann hat 1969 erstmalig darüber berichtet.

Die 47, zum Teil sehr ausführlichen, Unterstreichungen verteilen sich über die ganze Bibel und erstrecken sich sowohl auf biblische Texte wie auf Luthers Kommentare. Ob sie alle wirklich von Bach sind, scheint umstritten zu sein; künftige Untersuchungen werden vielleicht darüber weiteren Aufschluss geben. Die vier Randbemerkungen stammen erkennbar alle von der Hand Johann Sebastian Bachs und beziehen sich auf Stellen des Alten Testamentes.

Im Zusammenhang der Pfingstkantate scheint mir zunächst die erste Notiz Bachs von Bedeutung zu sein. Nach der Vernichtung der ägyptischen Streitmacht bei der Verfolgung des Volkes Israel in den Wassern des Schilfmeeres stimmt Moses in 2. Mose 15 einen großen Lobgesang an. „Ich will dem Herrn singen, denn er hat eine herrliche Tat getan. Ross und Mann hat er ins Meer gestürzt" (15, 2). Und Aarons Schwester Mirjam ergreift eine Pauke, führt den Reigen der Frauen an und nimmt den Lobgesang des Mose mit ihren Worten auf: „Lasst uns dem Herrn singen, denn er hat eine herrliche Tat getan, Ross und Mann hat er ins Meer gestürzt" (15, 21). Luther bemerkt in seinem Kommentar zu diesem Kapitel, Mirjam und die Frauen hätten dem Mose „gleich in einem Echo nachgesungen". Es müsse ein „mächtiger Schall und Wiederschall von diesen zweyen Choren gewesen seyn". Bach notiert am Rande dieser Stelle: „NB. Erstes Vorspiel, auf 2 Chören zur Ehre Gottes zu musizieren" (NB: Nota bene = Merke!).

Dass Bach diese Bibelstelle und Luthers Auslegung als Bestätigung seiner schon in jungen Jahren geübten Praxis der Doppelchörigkeit gelesen hat, ist unbestritten. Wie die Pfingstkantate „Erschallet, ihr Lieder" zeigt, wird man das auch auf die Doppelung eines Instrumentalchores und eines Vokalchores beziehen können. Aber was heißt „erstes Vorspiel"? Ist es nicht denkbar, dass Bach die Kirchenmusik als ein irdisches „Nachspiel" eines großen „Vorspiels" gesehen hat? Als eine in Tönen und Stimmen erklingende Widerspiegelung der mächtigen Taten Gottes, die im Kommen des heiligen Geistes die Existenz des Menschen ergreift und ihn zum Jubel, zu Dank, Begeisterung und Reigen hinreißt?

Die anderen drei Randbemerkungen Bachs legen eine solche Deutung nahe. Sie stehen alle neben Bibelworten und ihren Auslegungen aus den beiden Büchern der „Chronik". Das kommt nicht von ungefähr, denn diese Bücher handeln in langen Kapiteln von dem Bau und der Einweihung des Tempels in Jerusalem. Von seiner Einrichtung, von den Tempeldiensten und von der Musik im Tempel. Der Bezug auf den Gottesdienst der Kirche und auf alles, was sich in ihm ereignet, lag damit auf der Hand. So wird in 1. Chronik 28 berichtet, dass David den Entwurf des Tempels, seiner Geräte und aller Dienste im Tempel seinem Sohn Salomo übergeben habe, „was ihm durch den Geist in den Sinn gekommen war" (28, 12). Luther kommentierte diese Bibelstelle mit den Worten, dass David „nichts auß eigenen Wercken gethan habe ..., sondern nach dem Fürbilde, daß ihm der Herr durch seinen Geist fürgestellet hat ..., wie und auff was weise sie Gott der Herr ihm ins Hertz gegeben hat". Von der Musik ist in diesem Zusammenhang gar nicht die Rede. Aber Bach schreibt völlig selbstverständlich an den Rand: „NB. Ein herrlicher Beweiß, daß neben anderen Anstalten des Gottesdienstes, besonders auch die Musica von Gottes Geist durch David mit angeordnet worden". Und in 2. Chronik 5, wo dann bei der Einweihung des Tempels die Trompeten, Zimbeln, Saitenspiele und der Lobgesang Gottes laut ertönen und daraufhin die „Herrlichkeit des Herrn" in einer Wolke „das Haus Gottes" erfüllt (5, 13 und 14): Da unterstreicht Bach in der Zwischenüberschrift Calovs „Wie auff die schöne Music die Herrlichkeit des Herrn erschienen sey" die Worte „schöne Music". Und notiert am Rand: „NB. Bey einer andächtigen Musique ist allezeit Gott mit seiner Gnadengegenwart".

Damit erschließen sich, nach meinem Eindruck, absolut stringent die Gedanken Bachs zur Bestimmung und Aufgabe der Kirchenmusik im Gottesdienst und ihres Zusammenhangs mit dem Pfingstfest und der Ausgießung des heiligen Geistes. „Erschallet, ihr Lieder, erklinget, ihr Saiten! O seligste Zeiten! Gott will sich die Seelen zu Tempeln bereiten." Das hat Bach durch die Jahre hindurch, auch in den Leipziger Zeiten, mit den Worten wahrscheinlich von Salomo Franck immer wieder an diesem hohen Fest gesungen und musiziert. Die Kirchenmusik, ob als Vokal- oder als Instrumentalmusik, ist eine göttliche Stiftung und Anordnung! Und sie ist dies, weil sie Ausdruck und Stimme der Gnadengegenwart Gottes ist, die durch den heiligen Geist das Leben der Menschen verwandelt. Eine Verwandlung, die eine der Sünde verfallene Seele zu einem heiligen Tempel macht. Die individualisierende Tendenz ist nicht zu überhören. Aber die Musik bindet den Einzelnen in die Gemeinschaft der Gemeinde und der Kirche hinein. Also: Erschallet, ihr Lieder! Erklinget, ihr Saiten! Mit Stimmen und Instrumenten lobt den Gott, der durch seinen Geist diese Welt erneuert und eine neue Schöpfung schafft!

Denn Pfingsten ist im Grunde ein Schöpfungsfest. „O Seelenparadies", wird der Tenor in dieser Kantate später in seiner Arie singen. „Das Gottes Geist durchwehet, / Der bei der Schöpfung blies, / Der Geist, der nie vergehet." Das alte Erntefest, das Fest der Gerstenernte feiern die jüdischen Gemeinden in dieser

Zeit bis heute. Später kam im Judentum die Erinnerung an die Thora hinein, die hilfreiche Weisung Gottes, das Leben in dieser Schöpfung zu gestalten. Dann, präzise an diesem Schöpfungsfest, ereignet sich das Herabkommen des Geistes auf die kleine Schar der christlichen Gemeinde. Das ist wie eine neue Schöpfung! Eine Schöpfung aus dem Geist beginnt, eine neue Geburt aus dem Geist, aus dem der Mensch geschaffen ist. Der im Anfang der Schöpfung war und der nun wieder gegenwärtig ist. Das neue Gesicht des Menschen und der Welt kommt an diesem Fest heraus.

Die Theologie und die Kirchen und damit auch die Zeitgenossen allgemein tun sich schwer mit diesem Fest. Ein vernachlässigtes, ein im christlichen Bewusstsein in die Ecke geschobenes Fest ist es geworden, und allenfalls die Analogie mit dem Frühling, mit dem die Natur in ein neues Leben startet, verschafft Pfingsten noch einen Rest von Glaubwürdigkeit. Kommt dies vielleicht daher, dass die kirchliche Tradition die Ausgießung des heiligen Geistes nur als Aktivität von Gott her verstanden hat und nicht auch das Empfangen des Geistes mitbedacht hat? Die entscheidenden, auch gerade die sinnlichen Veränderungen, die der Geist Gottes im Menschen bewirkt? Wird der Regen nicht erst dann fruchtbar, wenn das Land nach ihm dürstet, wenn es ihn erwartet? Ist das Empfangen im sexuellen Akt etwa nur ein aktiver Prozess vom Manne her? Ist der Akt der Liebe nicht vielmehr ein leidenschaftlicher Akt der Begegnung von beiden Seiten her? Liegt es etwa in Gottes Interesse, dass sich der Geist in Wesen einnistet, die ihn gar nicht brauchen und gar nicht wollen? Nein, das Wohnen des Geistes in den Menschen und sein Empfangen ist ein eigenständiger Bereich. Die neue Schöpfung, der neue Mensch gestaltet sich aus der Begegnung von Gott und Mensch, und in dieser Begegnung wird das Antlitz der Erde neu.

Johann Sebastian Bach und auch Salomo Franck haben davon viel mehr gewusst, als wir es heute bei einem nur flüchtigen Blick wahrnehmen. Auf den Eingangschor folgt als Rezitativ ein Vers aus der Bibellesung des Pfingstfestes, die von der Liebe des Menschen redet, der sich an Gottes Wort hält und der das Kommen Gottes zu ihm erlebt. Und man achte doch einmal darauf, wie Bach die Schlussfolgerung der Einwohnung Gottes im Menschen „Und Wohnung bei ihm machen" richtig heraushebt und das Rezitativ geradezu in einem Arioso enden lässt (Johannes 14, 23).

Drei Arien schließen sich dann ohne Unterbrechung aneinander an. Die Bassarie versinnlicht die „heiligste Dreieinigkeit" mit der Festbesetzung der drei Trompeten. Die Beobachtung verdient weitergereicht zu werden, dass der „stolze Seelentempel" des Menschen aus dem Eingangschor in dieser Arie zu einer „bescheidenen Herzenshütte schrumpft" (Hans-Joachim Schulze). Aber das Kleine und Geringe auf der Seite des Empfängers steht im Gegenüber zur Größe der empfangenen Gabe und schließt nicht aus, dass aus der „Herzenshütte" dann doch wieder ein „Tempel des Geistes" wird. Die Tenorarie unterstreicht mit der unendlichen Melodie der Streichinstrumente das Wirken des Geistes, der diese Welt seit der Schöpfung zusammenhält und sie nun neu beleben will.

Die letzte Arie ist als Duett zwischen der um das Kommen des Geistes bittenden Seele und der Zusicherung seiner Nähe durch den Geist gestaltet. Wie so oft bei Bach, ist die Stimme des heiligen Geistes dem Alt zugewiesen. Warm ist diese Stimme, ganz in der Mitte des Menschlichen zu Hause. Ich staune immer wieder, wie unbefangen das mystische Glaubensverständnis die weltliche Liebeslyrik in die Beziehung des Menschen zu Gott hineinträgt. „Ich bin dein und du bist mein", singt der Alt als Stimme des heiligen Geistes immer wieder, und nimmt die liebende Begegnung zwischen Mann und Frau als Prototyp der Gottesbeziehung des Menschen im heiligen Geist. So erhält die Glaubensbeschreibung eine sinnliche Konkretion, die bis zum „Gnadenkuß" geht. Und im abschließenden Choral mit der 4. Strophe von „Wie schön leuchtet der Morgenstern" heißt es nicht, wie heute in unserem Gesangbuch: „Nimm mich freundlich / in dein Arme und erbarme / dich in Gnaden". Sondern spürbarer, fühlbarer, eben sinnlicher: „Nimm mich / Freundlich / In dein Arme, daß ich warme werd von Gnaden".

Pfingsten ist ein Fest, an dem das Herz des Menschen warm wird von der Erfahrung der Gnade. Die Verwandlung des Menschen und dieser Erde ist zu spüren und wird gefeiert mit allem, was ein Mensch zu bieten hat. Man wagt es doch kaum auszudenken, was geschieht, wenn Menschen wirklich anfangen, mit der Gegenwart des Geistes in dieser Welt zu rechnen. Nicht in Gewohnheiten besteht dann das Leben, nicht in Realitäten, nicht in der Gier nach Macht und Herrschaft. Sondern Einbrüche von oben werden zur Regel, Phantasie setzt sich durch, Lebenskraft für die Seele und Durchsetzungskraft für Glaube, Hoffnung, Liebe. Zu Pfingsten brechen die Träume von der göttlichen Bestimmung der Welt ein in die Realitäten dieses Lebens. Der Schrei nach Leben bricht sich Bahn, und der Jubel über Gottes Gegenwart bricht aus mitten unter uns.

Was soll es denn heißen, dass Bachs Musik in der Pfingstkantate „Erschallet, ihr Lieder" für eine Kirchenmusik vielleicht ein wenig „zu weltlich" sei? Pfingsten ist ein durch und durch welthaftes Fest! Die verheißene Veränderung des Menschen und der Erde kann man doch nur mit allen Kräften, mit Instrumenten und Stimmen, mit Pauken und Trompeten feiern! Jemand hat gesagt, der heilige Geist kenne die „Abkürzung zum Paradies". Ich habe den Eindruck, Bach hat ein Stück dieser Abkürzung gefunden, und es tut einfach gut, ihm auf diesem Weg zu folgen.

# Von der Ekstase des Glaubens

**Kantate BWV 51 „Jauchzet Gott in allen Landen"**
**CD: Choral/Arie (Sopran) „Sei Lob und Preis mit Ehren/Alleluja"** 6.06 Min.

In den fünfziger und frühen sechziger Jahren des vergangenen Jahrhunderts zogen ganze Scharen von Studenten und von Menschen aus dem musikliebenden Göttingen zu den wöchentlichen „Kantaten an St. Marien" in die kleine Deutschritterordenskirche. Es war die Kirche im Zentrum dieser Universitätsstadt, in der ich, nach meiner Studentenzeit, dann bald Pfarrer wurde. Ludwig Doormann hatte die „Kantate an St. Marien" während der Nazizeit ins Leben gerufen. Die Veranstaltungsreihe galt in jener Zeit, trotz oder auch wegen der personellen, politischen und kirchenpolitischen Turbulenzen an dieser Kirche, als ein heimlicher Treffpunkt von Menschen eines anderen als des damals verordneten Geistes. Nach der Pensionierung dieses großartigen Kirchenmusikdirektors war es dann bald mit den Kantaten an St. Marien zu Ende.

Besonders stark war der Zustrom von Menschen, wenn die Namen „Johann Sebastian Bach" und „Adele Stolte" auf den Programmzetteln standen. Ich sehe mich noch immer, als jungen Menschen, mit vielen, vielen Anderen in dieser Kirche sitzen. Im Seitenschiff oder auf der Seitenempore zumeist, um die schlanke Gestalt von Adele Stolte auf der Orgelempore besser sehen zu können. Da stand sie, neben einem kleinen Orchester, dem Trompeter und dem Dirigenten, auf einem sehr engen Raum. Das Musizieren vom Altarraum her war damals absolut verpönt, geradezu theologisch untersagt; Ludwig Doormann hätte nie einen solchen Wunsch geäußert. Und dann sang die Sopranistin, sang mit ihrer ebenso schlanken Stimme die jubelnden Arien und das stille Rezitativ der Bachkantate „Jauchzet Gott in allen Landen".

Es war, so erinnere ich mich deutlich, eine unglaubliche Ergriffenheit in der Kirche. Und das war, denke ich, nicht nur eine Berührung der Seelen und der Herzen durch diese ungeheure Musik. Im ganzen Körper spürte man ihre Wirkung. Eine ekstatische Erfahrung mochte das sein. Wie traumwandlerisch ging man nach Hause. Für eine Zeit war man ein anderer geworden. Die Sehnsucht nach einer anderen Welterfahrung, als wir sie im Krieg noch als Kinder erlebt hatten, suchte und fand möglicherweise ein Echo in der Glaubenserfahrung dieser Musik. Die Kantate „Jauchzet Gott in allen Landen" ist für mich so geradezu

**Jauchzet Gott in allen Landen** **BWV 51**

**1 Arie**
Jauchzet Gott in allen Landen! / Was der Himmel und die Welt / An Geschöpfen in sich hält, / Müssen dessen Ruhm erhöhen. / Und wir wollen unserm Gott / Gleichfalls itzt ein Opfer bringen, / Daß er uns in Kreuz und Not / Allezeit hat beigestanden.

**2 Rezitativ**
Wir beten zu dem Tempel an, / Da Gottes Ehre wohnet, / Da dessen Treu, / So täglich neu / Mit lauter Segen lohnet. / Wir preisen, was er an uns hat getan, / Muß gleich der schwache Mund von seinen Wundern lallen, / So kann ein schlechtes Lob ihm dennoch wohlgefallen.

**3 Arie**
Höchster, mache deine Güte / Ferner alle Morgen neu. / So soll vor die Vatertreu / Auch ein dankbares Gemüte / Durch ein frommes Leben weisen, / Daß wir deine Kinder heißen.

**4 Choral**
Sei Lob und Preis mit Ehren / Gott, Vater, Sohn, heiligem Geist! / Der woll in uns vermehren, / Was er uns aus Gnaden verheißt, / Daß wir ihm fest vertrauen, / Gänzlich uns lassn auf ihn, / Von Herzen auf ihn bauen, / Daß unsr Herz, Mut und Sinn / Ihm festiglich anhangen; / Drauf singen wir zur Stund: / Amen, wir werdns erlangen, / Glaubn wir aus Herzens Grund.

**5 Arie**
Alleluja!

eine mythische Initiation in die Welt Johann Sebastian Bachs hinein geworden. Ich kann sie nicht hören, ohne dass mich gerade diese Musik an Körper und an Seele zugleich berührt.

Ich weiß wohl, dass Bach bei den mehrfachen Aufführungen dieser Kantate in Leipzigs Hauptkirchen – die erste Aufführung fand wahrscheinlich am 17. September 1730 statt – den Solopart einem Knabensopran anvertraut hat. Vorstellen kann ich mir das zwar, wegen der ungeheuren Virtuosität der Stimmführung, nicht. Aber es wird schon so gewesen sein. Die Mitwirkung von Frauen bei den Kirchenkonzerten war offenbar, bei der konservativen theologischen Stimmung in Leipzig, undenkbar. Erst einer der Nachfolger Bachs im Thomaskantorat, Johann Adam Hiller, hat Jahrzehnte später die Mitwirkung von Frauen bei den Leipziger Kirchenkonzerten durchgesetzt. Auch wenn es Musikwissenschaftler gibt, die sich unbedingt eine Besetzung der Solostimme durch einen Knabensopran wünschen („Vollendet wirken" kann die abschließende Arie aber nur, „wenn ein heller Knabensopran sie herausschmettert", Albert Schweitzer): Für mich ist die Kantate „Jauchzet Gott in allen Landen" eine Soprankantate für eine Frauenstimme par excellence. Und so habe ich alle Aufnahmen dieser Kantate, die ich gerade verfügbar hatte, nacheinander abgehört, wie der Dirigent sie interpretiert und wie der Sopran sie singt.

In der „Archiv-Aufnahme" von 1972 macht der ehemalige Leipziger Thomasorganist und spätere Münchener Bachchorleiter Karl Richter die Kantate zu einem sehr gewaltigen und bedeutsamen Werk. Mächtig legen sich in der Eingangsarie Orchester und Trompete ins Zeug, der Sopran von Edith Mathis muss richtig dagegen halten. Aber er behauptet sich souverän. Die Gegensätze arbeitet Richter deutlich heraus, auch die Zusammengehörigkeiten. So nimmt er das abschließende „Halleluja" nicht so rasant, wie es die meisten Dirigenten tun. Betont also die Einheit von Choral und abschließendem Gotteslob. Und Edith Mathis behält absolut selbstverständlich die Führungsrolle in dieser Überfülle der Musik. Eben: Eine Kantate für eine herausragende Sängerin ist das Werk.

In der Aufnahme der „Teldec" von 1976 unter der Leitung von Gustav Leonhardt singt Marianne Kweksilber den Solopart. Kräftig ist diese Stimme, nahezu fordernd. Mühelos in der Höhe. Ich kann es immer wieder hören, wie Trompete und Sopran sich in dem Schluss-Halleluja wechselseitig herausfordern und übertreffen. Als eine geschlossene Leistung erscheint mir diese Einspielung.

Helmuth Rilling hat sich in seiner Aufnahme bei „master music" im Jahr 2000 Arleen Augér als Solistin gewählt. Mit einer geradezu brillanten Trompete geht es los. Augér hat einen hellen Sopran, sie meistert die Höhe mühelos. Und ich merke bei ihr, wie hoch die Kantate eigentlich gesetzt ist. Voller Bewunderung höre ich zu. Beim Halleluja mischt sich das Orchester kräftig in den Wettstreit zwischen Sopran und Trompete ein.

In der Einspielung bei „Brilliant" von 2003 unter der Leitung von Pieter Jan Leusink betont Ruth Holton das Fließende in der Musik von Johann Sebastian Bach. Geradezu einschmeichelnd ist ihre Stimme. Ich staune immer wieder, wie unterschiedlich man diese Kantate interpretieren und singen kann. Den Gegensatz zwischen Choral und Halleluja arbeitet Leusink besonders stark heraus.

Schließlich die Aufnahme der „Deutschen Grammophon" von 1999 mit Reinhard Goebel. In atemberaubendem Tempo singt Christine Schäfer die Kantate, sie hat die technischen Fähigkeiten und die stimmliche Substanz dazu. Goebel hat für seine Einspielung die Bearbeitung durch Wilhelm Friedemann Bach gewählt, die in die Originalpartitur des Vaters eine zweite Trompete und eine Pauke eingesetzt hat. Gerade im abschließenden Halleluja mündet beides, das hohe Tempo des Soprans und das mächtige Crescendo des Orchesters, in einen nahezu ekstatischen Taumel der Musik.

Bachs Kantate als Ausdruck einer protestantischen Ekstase? Die Ekstase hat im Protestantismus keine große Tradition. Allenfalls im Pietismus ist etwas davon zu spüren. Dabei hat die Ekstase durchaus eine Strukturähnlichkeit mit dem Glauben. Beide vollziehen das Heraustreten der Person aus ihren vorgegebenen Grenzen, beschreiben ein Verlassen des Ich und das Annehmen einer neuen Gestalt. Ihr habt alle durch die Taufe Christus angezogen, wird Paulus dies im Galaterbrief nennen (3, 27). Die Ekstase freilich ist der für alle Welt sichtbare Austritt aus der Normalität des Lebens, der den Übertritt in das „Einssein mit Gott" – wie die Mystiker das nennen – seelisch und körperlich erfahrbar macht. Wie Raserei und Trunkenheit wird das der Umwelt oft erscheinen. „Sie sind voll süßen Weins", spotten einige derer, die das erste Pfingstwunder, die Ausgießung des heiligen Geistes auf die kleine Jüngerschar, in Jerusalem miterlebten (Apostelgeschichte 2, 13).

Ich erinnere mich lebhaft daran, wie ich mit meiner Frau und Freunden vor einigen Jahren die ekstatische Frömmigkeit in einem muslimischen Sufi-Kloster in der Lausitz erlebte. Eindrucksvolle Tage waren das in der kleinen klösterlichen Gemeinschaft. Die Stille beim Essen, die voller Aufmerksamkeit für die Bedürfnisse des Anderen war. Die Gesten, die voller Bedeutung sind. Die Verneigung der Menschen voreinander und beim Verlassen des Zimmers: „Der Mensch ist ein Spiegel des Anderen". Das Verneigen bis zum Boden bei den Gottesdiensten: „Mit der Stirne auf der Erde ist der Mensch Gott am nächsten".

Und dann fahren wir an einem Spätnachmittag mit Scheich Efendi und zwei Autos nach Berlin, um in einem Hinterhaus in der Akazienstraße, wo sonst eine Tai-Chi-Schule arbeitet, einen Zikr (eine Erinnerung) zu erleben. Etwa 50 meist jüngere Personen, je zur Hälfte Frauen und Männer, haben sich eingefunden. Nur wenige sind Muslime, den meisten ist diese Form der Meditation wichtig. Wir erinnern uns, hat uns der Scheich am Vorabend gesagt, nein, nicht an Gott, der ist immer in uns und um uns. Wir erinnern uns an uns selbst, an unsere Seele, die aus Körper und Geist zusammengesetzt ist. Die legen wir frei. In die Energiezentren hinein geht der Zikr, zunächst im Sitzen, mit heftiger Bewegung des Kopfes und des Oberkörpers. Dann im Stehen, in der Bewegung, schließlich in den Derwischtanz hinein. Im hörbaren Einatmen und Ausatmen vollzieht sich alles, und es gipfelt in einem, am Ende bis zum Schreien hinausgestoßenen Wort: Allah. Lilaha – Illah – Illah. Der Rhythmus wird stampfend, zwischendurch tanzt der Scheich den berühmten Drehtanz der Derwische. Die Geschlechtertrennung in zwei Kreisen ist wichtig, werden wir später sagen, in der Ekstase kann man sich vergessen. Wie ein „kollektiver Orgasmus" habe sich das Stöhnen und Schreien angehört, meint einer aus unserer Gruppe. Zu der ständigen Wiederholung des einen Wortes zitiert der Scheich: „Klopfe so lange, bis an der Tür ein Kopf erscheint" (Rumi). Und dann: „Das Ziel des Zikr ist das Aufgehen des Anrufers im Angerufenen" (Nuri).

Von solcher Ekstase ist Bachs Kantate „Jauchzet dem Herrn alle Welt" weit entfernt. Aber dass mir diese Erinnerung an das Sufi-Kloster in Trebbus gerade bei dieser Kantate eingefallen ist, kommt doch nicht von ungefähr. Schon bei der Eingangsarie überstrahlt das Wort „Jauchzet" mit seinen Koloraturen den ganzen übrigen Text. Nur noch, dass „alle Lande" in das Jauchzen einstimmen sollen, prägt sich ein. Der Hinweis auf das Opfer, das wir dem Gott bringen sollen, der uns in Kreuz und Not beigestanden hat, wird zum absoluten Nebengedanken. Wo das Jauchzen, die Freude in Gott angestimmt ist, da braucht es keine Begründungen und theologischen Reflexionen. Die Größe und Schönheit der Freude an Gott, die zugleich den Menschen ganz hoch erhebt, überstrahlt alles.

Das darauf folgende Rezitativ ist eine wunderbare Ruhepause und blickt noch einmal zurück auf das, was man in der Eingangsarie so spontan getan hat. Dennoch: Auch jenes ist nur ein schwacher Abglanz der Herrlichkeit der himmlischen Musik, die Gott für seinen Segen danken müsste. „Muß gleich der schwache Mund von seinen Wundern lallen": Der Text untertreibt die Wunder der Bachschen Musik. Und der Sopran dementiert das auch sogleich und setzt das „Lallen" so genial in eine musikalische Sequenz um, dass sie – ex negativo – zum Lob Gottes wird.

Diese Kantate steckt von vorne bis hinten so voller grandioser Musik, dass sie – nach meinem Eindruck – nur aus der hingerissenen Anbetung Gottes stammen kann. Wie Bach in der nächsten Arie die Anrede „Höchster" herausstellt: Die darauf folgende Pause des Soprans ist wie ein Stillehalten bei der Anschauung eines Wunders. Voller Bewunderung sind auch die Melodiebögen dieser Arie. „Daß wir deine Kinder heißen": Der Mensch kann nicht aufhören, sich dessen immer wieder zu vergewissern.

Dann tritt das Wort immer mehr zurück, tritt endgültig hinein in die Sphäre der Anbetung des dreieinigen Gottes. Der Choral ist im Grunde ein Konzert für zwei Violinen, ähnlich dem Doppelkonzert in d-Moll, das Bach wahrscheinlich um die gleiche Zeit komponiert hat. Darüber schweben die Worte aus der Zusatzstrophe des Chorals „Nun lob mein Seel den Herren", die das ausdrückt, was die Musik vollzieht. „Sei Lob und Preis mit Ehren / Gott, Vater, Sohn, heiligem Geist!" Worte sind es, die mich heimatlich berühren, da sie aus einem Königsberger Gesangbuch von 1549 stammen.

Und dann gibt es nur noch ein einziges Wort: Halleluja! In der radikalen Hingabe an Gott ist jedes weitere Wort überflüssig! Bis zum Schrei geht diese Begeisterung in der Gegenwart Gottes; die Auffahrt des Soprans bis zum dreigestrichenen c kann ich nur als einen solchen verstehen. Gerade die halsbrecherische Schwierigkeit dieses Schlusssatzes macht noch einmal deutlich: In der Anbetung der Größe und Herrlichkeit Gottes wird auch der Mensch groß! Der Mensch ist „nicht zu Kleinem geschaffen", hat der große Mystiker des Mittelalters, Meister Eckhart, gesagt.

Ist das nicht Ekstase, was Bach komponiert hat und den Sopran singen lässt?! Natürlich, es ist eine andere Form von Ekstase, als ich sie bei den Sufis in der Lausitz erlebt habe. Die körperliche Bewegung fehlt. Aber der rhythmische Impuls spielt auch in der Musik Bachs eine entscheidende Rolle. Und so kann man es erleben, dass einen Hörer der Kantate diese Musik nicht nur in der Seele trifft, sondern ihm auch in den Körper fährt. Und er, auf dem Weg nach Hause, beschwingt seine Schritte lenkt und vielleicht sogar etwas ins Tanzen gerät. Wie das im Protestantismus zumeist so ist: Eine „beherrschte Ekstase" ist die Klangwelt eines Johann Sebastian Bach und die Erlebniswelt eines Glaubenden in dieser Konfession.

Noch ein letzter Gedanke lässt mich beim Hören dieser Musik nicht los. Reinhard Goebel hat bei seiner Einspielung die Kantate BWV 51 unter die Hochzeitskantaten eingereiht. Bestimmend dafür war offenbar der Eindruck, dass diese Kantate mit ihrem äußerst schwierigen Sopranpart unbedingt von Bach für seine Frau Anna Magdalena geschrieben worden sein muss. Gewagte

Hypothesen hat Goebel an diese Vermutung angeschlossen: Dass Bach bei seinem Aufenthalt in Dresden im Sommer 1733 sich das Wirken des dortigen Künstlerehepaares, des Hofkapellmeisters Johann Adolf Hasse mit seiner Diva Faustina Bordoni zum Vorbild genommen habe. Und die Kantate also erst später, und nicht für den normalen Sonntagsgottesdienst entstanden sei.

Aber Johann Sebastian Bach war zu diesem Zeitpunkt doch schon seit vielen Jahren mit Anna Magdalena verheiratet. Und ihre sängerischen Qualitäten kannte er schon seit der Zeit ihres gut bezahlten Engagements am Fürstenhof zu Köthen. Ich denke, man braucht keine neuen Thesen über Anlass und Bestimmungszweck dieser Kantate, um an dem Gedanken festzuhalten, dass Bach diese Kantate im Grunde für eine Aufführung mit seiner Frau komponiert hat. Es ist eine so gute Vorstellung, dass die menschliche Zuneigung und Liebe die Gottesliebe beflügelt. Gelegenheiten genug wird es gegeben haben, dass Anna Magdalena mit ihrem hohen Sopran diese Kantate auch singen konnte. Sei es am Hof in Weißenfels, sei es in den Leipziger Konzerten des „Collegium Musicum". Ich werde jedenfalls, bei welcher Aufführung und mit welcher Sopranistin auch immer, eine der vermutlich allerersten Sängerinnen aus meinen Gedanken nicht verdrängen können.

# Vom Segen des Himmels

**Kantate BWV 137 „Lobe den Herren, den mächtigen König der Ehren"**
**CD: Schlusschoral „Lobe den Herren, was in mir ist, lobe den Namen!"** 0.41 Min.

„Eine singende Gemeinde, das ist für mich der Protestantismus", sagte einer meiner katholischen Freunde aus dem Priesterstand. Die anderen Konfessionen, allen voran der Katholizismus, haben darin mächtig aufgeholt. Aber es ist schon wahr: Martin Luther hatte der Musik – nach der Theologie – von allen Wissenschaften und Künsten „den nächsten Platz und die höchste Ehre" gegeben. „Denn die Musica ist eine Gabe und Geschenk Gottes. Sie vertreibt auch den Teufel und macht die Leute fröhlich". So hatte er sich in seinen Gesprächen bei Tisch ausgedrückt. Als „Vater des Gemeindegesangs" (Roland Bainton) hat man ihn bezeichnet. Lieder für sein 1524 veröffentlichtes Gesangbuch hat er gedichtet, Melodien dafür zusammengestellt. Möglicherweise ist der Gemeindegesang das einzige wirklich demokratische Element im Luthertum. Luthers Lieder hätten mehr Seelen umgebracht als seine Predigten, hat einer seiner heftigsten Gegner, ein Jesuit, behauptet.

Man kann die radikale Veränderung des geistigen und sozialen Klimas in den Kirchen landauf-landab kaum übertreiben. Die spätmittelalterliche Frömmigkeit war geprägt durch die unendlich vielen Messopfer, die an unendlich vielen Altären von unendlich vielen Priestern dargebracht wurden. Der Gemeinde blieben, wenn sie dabei zugegen war, einige lateinische Responsorien. Von der Art des „et cum spirito tuo". Und auf einmal sang die ganze Gemeinde in den Gottesdiensten vom Anfang bis zum Ende. Sang, vielleicht auch falsch, aber kräftig und beschwingt. Bewegt von der Aussicht auf den Gott, der aus Gnade rettet. Und sie sang auf deutsch! Der Choral, ein Wort, das ursprünglich dem Gesang des Chores vorbehalten war: Der Choral der Gemeinde ist wirklich ein Markenzeichen der protestantischen Bewegung! Nachdem die Gesangbücher in großen Mengen gedruckt und erschwinglich wurden, konnte man sich Menschen auf dem Weg zum evangelischen Gottesdienst ohne ein Gesangbuch in der Hand überhaupt nicht denken.

Ein Gesangbuch habe auch ich zum Singen im Gottesdienst immer dabei. Aber ich schlage es nur gelegentlich auf. Ich liebe es, die Lieder auswendig zu singen. By heart, wie die Engländer sagen. Nach fast vierzig Jahren im Pfarramt kennt

**Lobe den Herren, den mächtigen König der Ehren** **BWV 137**

**1 Chor**
Lobe den Herren, den mächtigen König der Ehren, / Meine geliebete Seele, das ist mein Begehren. / Kommet zu Hauf, / Psalter und Harfen, wacht auf! / Lasset die Musicam hören.

**2 Arie**
Lobe den Herren, der alles so herrlich regieret, / Der dich auf Adelers Fittichen sicher geführet, / Der dich erhält, / Wie es dir selber gefällt; / Hast du nicht dieses verspüret?

**3 Arie**
Lobe den Herren, der künstlich und fein dich bereitet, / Der dir Gesundheit verliehen, dich freundlich geleitet; / In wie viel Not / Hat nicht der gnädige Gott / Über dir Flügel gebreitet!

**4 Arie**
Lobe den Herren, der deinen Stand sichtbar gesegnet, / Der aus dem Himmel mit Strömen der Liebe geregnet; / Denke daran, / Was der Allmächtige kann, / Der dir mit Liebe begegnet.

**5 Choral**
Lobe den Herren, was in mir ist, lobe den Namen! / Alles, was Odem hat, lobe mit Abrahams Samen! / Er ist dein Licht, / Seele, vergiß es ja nicht; / Lobende, schließe mit Amen!

man die meisten der Choräle. „Wer wird dieses kleine Büchlein nicht auswendig wissen", hat der Neutestamentler Julius Schniewind über das griechische Neue Testament gesagt. Beim Singen aus dem Buch sind die Gedanken sehr mit der Arbeit des Lesens beschäftigt. Beim Singen „aus dem Herzen" beschäftigen mich die Inhalte dessen, was man singt, viel stärker von innen heraus. Man sinnt der einen oder anderen sprachlichen Formulierung nach, die man noch nie so wahrgenommen hat. Ärgert sich auch leichter über die Texte eines Liedes oder an seiner lahmen Melodie. Denkt, dass man es heute eigentlich nicht mehr so ausdrücken dürfte. Singt den Choral dann trotzdem weiter. Singt ihn – um der Gemeinsamkeit des Singens in der Gemeinde willen. Beim nächsten Mal, in einer anderen Situation, wird es mir mit diesem Choral oder mit dieser Stelle vielleicht ganz anders gehen. Auch den Choral „Lobe den Herren, den mächtigen König der Ehren" habe ich immer mitgesungen. Obwohl ich ihn an manchen Tagen sogar mehrfach singen musste. Gerade bei Taufen und Trauungen mit konfessionsverschiedenen oder kirchenfernen Familien oder Paaren war dieses Lied immer dran.

Manchmal habe ich in diese Aufforderung zum gemeinsamen Lobpreis sehr gerne mit eingestimmt. Manchmal auch mit innerem Widerstand. In anderer Umgebung und in anderen Situationen war das immer anders.

Man denkt, wenn man die Kantate „Lobe den Herren, den mächtigen König der Ehren" hört, Bach habe mit BWV 137 einen „kirchlichen Schlager" auch der damaligen Zeit verarbeitet. Nach allem, was ich weiß, war das nicht so. War das Lied überhaupt in dem „Dresdner Gesangbuch" enthalten, das in den Leipziger Hauptkirchen zu dieser Zeit im Gebrauch war und das 1725 neu aufgelegt wurde? Mit dieser Frage rufe ich im „Bach-Haus Eisenach" an. Die Gedenkstätte hat eine bedeutende Sammlung alter Drucke aus der Bach-Zeit. 24 Stunden kommen Sie zu spät, bedauert die Mitarbeiterin. Wir haben gestern, wegen einer Ausstellung in unserem Hause, das „Dresdner Gesangbuch" in eine Vitrine gestellt und diese fest zugeschlossen. Im „Bach-Archiv Leipzig" komme ich an mein Ziel. Die dortige wissenschaftliche Mitarbeiterin schaut eine Kopie des „Dresdner Gesangbuchs" durch. Nein, „Lobe den Herren, den mächtigen König der Ehren" ist in diesem Gesangbuch nicht enthalten. Nur in einem von der Zahl der Lieder sehr umfangreichen, aber sicher nur in kleiner Auflage gedruckten Gesangbuch des Leipziger Hospitals St. Georgen mit dem dort angeschlossenen „Zucht- und Waisenhaus" kommt es vor. Bach mag den Choral aber vermutlich eher aus dem in Halle weitverbreiteten „Freylinghausen-Gesangbuch" gekannt haben, in dem das Lied seit 1704 durch die verschiedenen Auflagen hindurch fest verankert war. 1736 hat Bach den Choral dann offensichtlich auch in das von Georg Christian Schemelli herausgegebene „Musicalische Gesang-Buch" hineingebracht. Für das er, wie es im Vorwort heißt, teilweise die Melodien „ganz neu componiret", teils „den General-Baß verbessert" hat. Bach hat also das Lied offenbar sehr geschätzt und es mit seiner Kantate den Leipzigern erstmals nahebringen wollen. An der Popularisierung des Chorals ist Bach erheblich beteiligt.

Das wirft ein etwas anderes Licht auf Bachs Haltung zu der Choraltradition seiner Kirche, aber zugleich auf die Auseinandersetzungen, die ihn auch in dieser Frage beschäftigen sollten. Ende der 1720er Jahre, unmittelbar nach der Komposition seines Zyklus der Choralkantaten, legte sich Bach mit dem Subdiakon von St. Nicolai, Gottlieb Gaudlitz, an. Der hatte sich herausgenommen, die Lieder im Vespergottesdienst vor und nach der Predigt zu bestimmen. Ein Recht, das nach Bachs Amtsauffassung dem Kantor zustand. Außerdem hatte Gaudlitz Lieder singen lassen, die nicht im „Dresdner Gesangbuch" standen. Als Bach Widerstand leistete, schaltete Gaudlitz das Konsistorium ein; das gab dem

Subdiakon Recht. Bach wandte sich daraufhin an den Rat der Stadt. Sein ihm zugestandenes Recht fordert er ein, klagt Gaudlitz an, Neuerungen einzuführen und „statt der bißherigen Kirchen Gebrauch geordneten Lieder andere Gesänge" anzuordnen. Oft seien die Lieder auch zu lang und kämen in zeitlichen Konflikt mit der aufgeführten Kirchenmusik. Im Februar 1730 weist der Rat der Stadt, der sowieso ständig mit dem Konsistorium in Kompetenzstreit lag, den Superintendenten an, dass neue, bisher nicht übliche Lieder in den Gottesdiensten nicht mehr gesungen werden dürften. Bach hatte sich also, zumindest teilweise, durchgesetzt.

Man hat in der Bach-Forschung, neben dem sorgsamen Achten auf die Kompetenzen und die Würde seines Amtes, aus dem Streit den Schluss gezogen, Bach sei – so offen er neue musikalische Entwicklungen aufnahm – in theologischen Dingen und in seiner Haltung zum Gemeindegesang seiner Kirche sehr konservativ gewesen. Die Vorliebe für das herkömmliche Repertoire, für die Lieder Luthers, der Dichter der Reformations- und Nachreformationszeit, bis hin zu Paul Gerhardt, sei unübersehbar (Christoph Wolff). Das ist sicher im Grundsatz richtig. Aber es schließt, wie man an dieser Kantate sehen kann, Bachs Blick für interessante neuere Choräle nicht aus. Vielleicht hatte Gaudlitz auch versucht, mit seinen „neuen Liedern" die Aufklärung in die Kirche einzuführen. Dagegen war Bach allerdings total.

Bachs Vision vom „Endzweck einer regulierten Kirchenmusik", die er schon 1708 dem Rat von Mühlhausen geschildert hatte, konnte er in Leipzig endlich umzusetzen versuchen. Sie ging eigentlich über das, was ein Mensch in seinem Leben schaffen konnte, weit hinaus. Denn dieses Vorhaben implizierte, neben den Unterrichtsverpflichtungen an der Thomasschule, den vielen Andachten, Gottesdiensten und Kasualien, den anderen Kompositionsplänen, der Sorge für die große und ständig wachsende Familie, für jeden Sonntag eine neue, eigene Kantate zu schaffen und zur Aufführung zu bringen. Wenn man dem Werkverzeichnis des Nekrologs trauen darf, dann hat Bach fünf vollständige Jahrgänge von Kantaten hinterlassen. Mehr als 100 Kantaten müssten dann als verloren gelten. Den ersten Jahrgang, den er mit einer Kantate am 1. Sonntag nach Trinitatis begonnen hatte, konnte er – neben vielen neuen Kompositionen – noch mit Wiederaufführungen oder Bearbeitungen älterer Kantaten ergänzen. Für den zweiten Jahrgang, 1724/25, hatte Bach sich ein einheitliches und zusammenführendes Thema vorgenommen. Und er wählte dafür, man höre und staune, den protestantischen Choral! Er hat dieses Vorhaben freilich nach einem dreiviertel Jahr, im März 1725 nach dem Fest von Mariä Verkündigung, plötzlich abgebrochen. Möglicherweise hängt dieser Abbruch mit dem Tod des anonym gebliebenen Textdichters zusammen; man vermutet den emeritierten Konrektor der Thomasschule, Andreas Stübel, als Autor der Choralbearbeitungen, der zu dieser Zeit starb. Aber dass Bach gerade der Typus der Choralkantate wichtig war, bezeugen einzelne spätere Kompositionen dieser Gattung. Dazu gehört auch die Kantate BWV 137, die erst ein halbes Jahr nach dem Abbruch jener Reihe, am 12. Sonntag nach Trinitatis 1725, zur Uraufführung kam. Was hat Johann Sebastian Bach an der Choraltradition seiner Kirche so beschäftigt, dass er sie zum Mittelpunkt seines ersten theologischen Gesamtentwurfs machte? Vielleicht kann man aus der Analyse dieser späteren Kantate und dieses Chorals, der Bachs besonderes Interesse erregte, Aufschlüsse dafür gewinnen.

Bach verzichtet in der Kantate „Lobe den Herren, den mächtigen König der Ehren" auf die sonst bei den Choralkantaten übliche Umdichtung der mittleren Strophen zu Rezitativ- und Arientexten. Seine Komposition geht einfach an den fünf Strophen dieses Liedes entlang. Das hatte den Vorteil, dass er für diese Kantate, nach den ungeklärten Ereignissen im Frühjahr dieses Jahres, keinen Textdichter brauchte. Tänzerisch beginnt der Eingangschor, schwungvoll sowohl in der Instrumentengruppe mit Trompeten, Pauke, Oboe und Streichorchester wie auch in dem aufgelockerten Chorsatz. Man meint zunächst die falsche Platte aufgelegt zu haben. Bis dann der Sopran den bekannten Choral anstimmt und immer wieder, über dem wunderbaren Imitationsgeflecht der Stimmen, daran erinnert, dass wir es hier mit einer Choralkantate zu tun haben. Bach wird genau die 1680 erschienene Liedersammlung des Bremer Hilfspastors an der Martini-Kirche, Joachim Neander, studiert haben. Dort hieß es schon in der Überschrift „Zu lesen und zu singen auf Reisen, zu Haus oder bei Christen-Ergötzungen im Grünen". Das Lied hat also im Ursprung einen weiten Gebrauchsradius, und der tänzerische Charakter weist darauf hin. Erst die Notierung in unseren Gesangbüchern versucht, den 3/4-Rhythmus in einer 9/4-Notierung gottesdienstlich zu zähmen.

Noch an einer anderen Stelle dieses Eingangschores fühle ich das Herz des Johann Sebastian Bach schneller schlagen. Psalter und Harfe gehören zum Aufgebot derer, die zum Lobgesang des „mächtigen Königs der Ehren" geweckt werden sollen. Und dann sind wir aus unserem Gesangbuch als finale Bestimmung gewöhnt: „Lasset den Lobgesang hören!" Neander hat aber gedichtet: „Lasset die Musicam hören!" Und so heißt es auch in Bachs Kantate. Sicher ist hier die Musik gemeint, die das Lob Gottes singt. Aber „Musik" greift weiter als „Lobgesang", und dass die Musik in diesem Lied so umfassend als Antwort des Menschen auf den Segen des Himmels steht, wird Bach außerordentlich gefreut haben.

Schon in der Eingangsarie taucht ein Element auf, das, so vermute ich, einen guten Teil der Aktualität und der Beliebtheit dieses Chorals ausmacht: das sorgsame Achten auf die inneren Regungen des Menschen. Die Individualität des Menschen in seiner geschichtlichen Besonderheit ist die große Entdeckung der Renaissance. Sie wird im Barock, bei allem Druck durch die gesellschaftlichen Zwänge, zu einer immer stärkeren Voraussetzung aller Lebensmöglichkeiten. Wie man es auch an der kantigen Gestalt eines Johann Sebastian Bach selbst studieren kann. „Meine geliebete Seele, das ist mein Begehren", weiß der Choral. Von innen her kommen die Schubkräfte des Lobgesangs. Die Altstimme, die über der schönen Geigenmelodie die nur leicht variierte zweite Strophe singt, führt diesen Ansatz fort. „Der dich erhält, wie es dir selber gefällt": Nur die innere Anschauung der Segenskräfte des Himmels öffnet den Mund und lockert die Stimme. Nachgefragt muss da werden: „Hast du nicht dieses verspüret?"

Die Anleitung zur Nachdenklichkeit setzt sich fort in dem von zwei Oboen begleiteten Duett von Sopran und Bass. Nicht die Behauptung der gnädigen Führung Gottes im Leben der Menschen spielt sich in den Vordergrund, sondern der besinnliche Rückblick: „In wie viel Not / Hat nicht der gnädige Gott / Über dir Flügel gebreitet". Und in der dramatischen vierten Strophe, die mit der Stimme des Tenors und des Continuo-Basses das Strömen der Liebe Gottes geradezu wie ein Gewitter herunterregnen lässt, schließt sich die dringende Aufforderung an: „Denke daran, was der Allmächtige kann, der dir mit Liebe begegnet". So dass in der abschließenden kurzen Choralstrophe „Lobe den Herren, was in mir ist, lobe den Namen" der Blick auf die Ganzheitlichkeit der Person, auf das innere und das äußere Lob, seinen nachdrücklichen Akzent gewinnt.

So ist das Lied von Neander ein Ausdruck der Freude an der Individualität des Glaubens. Der Choral aber ist nicht die Sprache des Einzelnen. Er spricht die Sprache der Gemeinde. Sicher kann ich auch einen Choral alleine singen, und ich habe einen Freund, der gelegentlich an das Grab seiner Frau geht und ihr dort Choräle singt. Aber er tut dies nur, weil er früher mit ihr zusammen diese Lieder in der Gemeinde gesungen hat. Der Choral geht über die Individualität und die aktuelle Gestimmtheit des Einzelnen oft weit hinaus. Er macht mir deutlich: Ich komme von weit her. Ich brauche die Wahrheit nicht zu erfinden.

Ich kann sie stehen lassen und auf eine kommende Entschlüsselung warten. Es wird mir oft nicht genügen, ich brauche auch das neue Wort, die neue Sprache, das neue Lied, das mich aussagt und das mich trifft. Aber gerade die alten Choräle machen mir deutlich, dass der Segen Gottes nicht nur ein Segen für den Einzelnen ist. Der Segen Gottes ist eine gemeinsame Erfahrung, und sucht den gemeinsamen Dank und die gemeinsame Klage oder Anklage, wenn ich entdecke, wo er fehlt.

Ich vermute, dass dies der Impuls ist, der Johann Sebastian Bach bewogen hat, als seinen ersten theologischen Gesamtentwurf einen Jahrgang mit Choralkantaten zu schaffen. In einer Zeit der erwachenden und wachsenden Individualität, die die Gemeinschaft auseinander reißt, bindet er den Einzelnen zurück an die Gemeinschaft der Gemeinde. Geradezu ein kirchenpolitisches Ziel ist das. Ich denke, die Leipziger werden sich zumindest gewundert haben, wie wichtig die Choräle für ihren Kantor waren. Und werden vielleicht auch das eine oder das andere Lied wieder etwas lebendiger gesungen haben.

Der Einzelne und die Gemeinschaft, das ist oft genug ein Spannungsverhältnis. Nur im Aushalten einer solchen Spannung wird das Leben in jeder denkbaren Gesellschaft fruchtbar. Der Choral ist in der christlichen Gemeinde, neben dem Glaubensbekenntnis, der deutlichste Ausdruck dieser Spannung. Deshalb singe ich auch weiterhin die alten Choräle wie auch die neuen Lieder gern. Ärgere mich auch gelegentlich daran. Und freue mich, wenn Bach in seinen Kantaten eine Wahrheit herbeisingt, die oft meinen eigenen Horizont übersteigt.

# Von den Tröstungen der Seele

**Kantate BWV 21 „Ich hatte viel Bekümmernis"**
**CD: Eingangschor „Ich hatte viel Bekümmernis"** 3.45 Min. und
**Schlusschor „Das Lamm, das erwürget ist"** 3.04 Min.

Ich liebe das Wort „Bekümmernis". „Bekümmernis" scheint mir noch etwas anderes zu sein als „Kummer". Martin Luther hatte Psalm 94, 19 aus dem Hebräischen so übersetzt. „Ich hatte viel Bekümmernisse in meinem hertzen, / Aber deine Tröstung ergetzeten meine Seele". Aus dem Wort „Bekümmernis" höre ich heraus: Da beugt sich einer über seinen Kummer. Da kümmert er sich um ihn. Da verdrängt einer seinen Kummer nicht. Er lässt ihn nicht auf sich beruhen, lässt ihn nicht einfach hinter sich. Er spricht sich darüber aus. Um wieviel prosaischer und flacher klingt es in der heutigen, der revidierten Lutherübersetzung: „Ich hatte viel Kummer in meinem Herzen, aber deine Tröstungen erquickten meine Seele".

Johann Sebastian Bach hat mit der Kantate „Ich hatte viel Bekümmernis" eines seiner eindrucksvollsten Werke geschaffen. Ich kann sie immer wieder und noch einmal hören. Eine Arbeit seiner frühen Jahre ist sie, und eine komplizierte Entstehungsgeschichte scheint sie hinter sich zu haben. Das „Bach Compendium" von Schulze/Wolff meint sogar, drei verschiedene Fassungen unterscheiden zu können: Eine Weimarer Fassung (in c-Moll), eine Köthener Fassung (in d-Moll) und eine Leipziger Fassung (wiederum in c-Moll). Aber das sind Differenzierungen, die im Wesentlichen nur die Musikhistoriker interessieren werden. Gesichert scheint eine Aufführung am 17. Juni 1714 (3. Sonntag nach Trinitatis) in der Schlosskirche in Weimar zu sein und eine Wiederaufführung innerhalb des ersten Leipziger Kantatenjahrgangs, als dritte seiner Kantaten, am 13. Juni 1723. Nicht unterschlagen will ich aber auch, dass es wahrscheinlich eine Aufführung der Kantate im Zusammenhang mit Bachs Bewerbung um die Organistenstelle in St. Jacobi im Herbst 1720 in Hamburg gegeben hat; einige süffisante Ausführungen des Hamburger Musikkritikers Mattheson sind ohne die Kenntnis dieses Werkes nicht zu erklären. Dies wäre dann die Köthener Fassung. Die Kantate BWV 21 spielt also eine wichtige Rolle in der Lebens- und Werkgeschichte Bachs. Und das hat, wie man beim Hören sofort merkt, seine guten Gründe. Aufgeführt wird heute nahezu ausschließlich die Leipziger Fassung mit ihren 11 Sätzen in zwei Teilen.

Die einleitende Sinfonia hat einen weiten Atem. Mich fasziniert der unaufhaltsam fortschreitende Bass, der die Dauer und die Bedrängnisse der Bekümmernis anzuzeigen scheint. Dann setzt sofort der Eingangschor ein mit einem dreimaligen kraftvollen „Ich" des Chores. Sicher ist es zutreffend, dass dieses „Ich" nicht individualistisch missverstanden werden darf (Jochen Arnold). In diesem Ich finden sich alle wieder, die von Trauer und Kummer niedergedrückt werden und die sich in der Bekümmernis ihre Niedergeschlagenheit von der Seele reden wollen. Aber welch ein weiter Weg ist es doch, bis alle Menschen, die von den Widerfahrnissen des Lebens zu Boden gedrückt werden, sich in einem „Ich" wiederfinden, wahrnehmen und ausdrücken können. Noch heute begegnet man doch immer wieder Menschen, die ihre Gefühle überhaupt nicht wahrnehmen. Bach hat allen Grund, das „Ich" herauszustellen. „Ich hatte viel Bekümmernis": Da kann sich der Hörer einklinken und seinen Kummer spüren und auszudrücken versuchen.

Bach lässt ihm dazu alle Zeit. In einer Fuge geht dieser eine Satz durch alle Stimmen hindurch. Die enge Kanonführung mag auf die Bedrängnis, auf das Drängende der Nöte verweisen. Und dann steht auf einmal ein großes „Aber" einsam im Raum. Ein Umschlag scheint sich anzudeuten. „Aber deine Tröstungen erquicken meine Seele", heißt es in dem Kantaten- und in dem Bibeltext. Das Tempo verändert sich ins Vivace, die Tonart wechselt von c-Moll nach Es-Dur, längere Koloraturen gibt es auf dem Wort „Seele". Man würde dieses „Aber", meiner Meinung nach, jedoch missverstehen, wenn die zweite Satzhälfte die erste sozusagen auslöscht und ein Happy End und das ewige Lächeln der Getrösteten das Christenleben bestimmen. Schon die nächsten Sätze der Kantate zeigen, dass es mit den Kümmernissen nicht auf einen Schlag zu Ende ist. Die Mehrdeutigkeit der Welterfahrung spricht sich in dem „Aber" aus. Schmerz und Sehnsucht, Not und Zuversicht sind oft nebeneinander. Ringen miteinander. Die „Bekümmernis" ruft in der Erfahrung des Kummers den Gott herbei, der tröstet, wie einen seine Mutter tröstet. Nicht immer werden sich beide Seiten die Waage halten können. Am Schluss der zweiten Hälfte machen plötzliche Synkopen in der Komposition Bachs vielleicht darauf aufmerksam, dass es Irritationen geben könnte. Man kommt mit den „Bekümmernissen" wie auch mit dem Erfassen der Musik dieser Kantate nie an ein Ende, das haben beide gemeinsam.

Die nächsten Sätze sind von dem nicht genannten Textdichter, der vermutlich Salomo Franck war, in freier Form zu Rezitativen und Arien madrigalisch

**Erster Teil**

**1 Sinfonia**

**2 Chor**

Ich hatte viel Bekümmernis in meinem Herzen; aber deine Tröstungen erquicken meine Seele.

**3 Arie**

Seufzer, Tränen, Kummer, Not, / Ängstliches Sehnen, Furcht und Tod / Nagen mein beklemmtes Herz, / Ich empfinde Jammer, Schmerz.

**4 Rezitativ**

Wie hast du dich, mein Gott, / In meiner Not, / In meiner Furcht und Zagen / Denn ganz von mir gewandt? / Ach! kennst du nicht dein Kind? / Ach! hörst du nicht das Klagen / Von denen, die dir sind / Mit Bund und Treu verwandt? / Du warest meine Lust / Und bist mir grausam worden; / Ich suche dich an allen Orten, / Ich ruf und schrei dir nach, – / Allein mein Weh und Ach! / Scheint itzt, als sei es dir ganz unbewußt.

**5 Arie**

Bäche von gesalznen Zähren, / Fluten rauschen stets einher. / Sturm und Wellen mich versehren, / Und dies trübsalsvolle Meer / will mir Geist und Leben schwächen, / Mast und Anker wollen brechen, / Hier versink ich in den Grund, / Dort seh ich der Hölle Schlund.

**6 Chor**

Was betrübst du dich, meine Seele, und bist so unruhig in mir? Harre auf Gott, denn ich werde ihm noch danken, daß er meines Angesichtes Hilfe und mein Gott ist.

**Zweiter Teil**

**7 Rezitativ**

Ach, Jesu, meine Ruh, / Mein Licht, wo bleibest du? / O Seele sieh! Ich bin bei Dir. / Bei mir? / Hier ist ja lauter Nacht. / Ich bin dein treuer Freund, der auch im Dunkeln wacht, / Wo lauter Schalken seind. / Brich doch mit deinem Glanz und Licht des Trostes ein. / Die Stunde kömmet schon, / Da deines Kampfes Kron / Dir wird ein süßes Labsal sein.

**8 Duett**

Komm, mein Jesu, und erquicke / Und erfreu mit deinem Blicke / Diese Seele, / Die soll sterben / Und nicht leben / Und in ihrer Unglückshöhle / Ganz verderben. / Ich muß stets in Kummer schweben, / Ja, ach ja, ich bin verloren! / Nein, ach nein, du hassest mich! / Ach Jesu, durchsüße mir Seele und Herze! / Komm, mein Jesu, und erquicke / Mich mit deinem Gnadenblicke. / Ja, ich komme und erquicke / Dich mit meinem Gnadenblicke. / Deine Seele, / Die soll leben / Und nicht sterben, / Hier aus dieser Wundenhöhle / Sollst du erben / Heil durch diesen Saft der Reben. / Nein, ach nein, du bist erkoren! / Ja, ach ja, ich liebe dich! / Entweichet, ihr Sorgen, verschwinde, du Schmerze! / Ja, ich komme und erquicke / Dich mit meinem Gnadenblicke.

**9 Chor**
Sei nun wieder zufrieden, meine Seele, denn der Herr tut dir Guts.
Was helfen uns die schweren Sorgen, / Was hilft uns unser Weh und Ach? / Was hilft es, daß wir alle Morgen / Beseufzen unser Ungemach? Wir machen unser Kreuz und Leid / Nur größer durch die Traurigkeit. Denk nicht in deiner Drangsalshitze, / Daß du von Gott verlassen seist, / Und daß Gott der im Schoße sitze, / Der sich mit stetem Glücke speist, / Die folgend Zeit verändert viel / Und setzet jeglichem sein Ziel.

**10 Arie**
Erfreue dich, Seele, erfreue dich, Herze, / Entweiche nun, Kummer, verschwinde, du Schmerze! / Verwandle dich, Weinen, in lauteren Wein, / Es wird nun mein Ächzen ein Jauchzen mir sein! / Es brennet und flammet die reineste Kerze / Der Liebe, des Trostes in Seele und Brust, / Weil Jesus mich tröstet mit himmlischer Lust.

**11 Chor**
Das Lamm, das erwürgt ist, ist würdig zu nehmen Kraft und Reichtum und Weisheit und Stärke und Ehre und Preis und Lob. Lob und Ehre und Preis und Gewalt sei unserm Gott von Ewigkeit zu Ewigkeit. Amen. Alleluja!

gestaltet worden. Die Sopran-Arie „Seufzer, Tränen, Kummer, Not" ist an einer überzeugenden Schilderung der „Bekümmernisse" kaum zu überbieten. Da liegt ein Mensch am Boden, weiß nicht weiter. Seufzermotive, ein Septimensprung zum „Schmerz" bei der Fermate: Die musikalische Gestaltung vertieft emotional die Beschreibung eines Menschen, der nicht mehr weiter weiß. In der darauf folgenden Bitte des Rezitativs ist aber wenigstens ein Ansprechpartner gefunden. Es ist der Vater in Gott, zu dem das verlassene Kind ruft. Noch einmal brechen Sturm und Wellen, in der Tenorarie, über dem Schiffbrüchigen zusammen. Die Streicher bilden mit ihrer Wellenbewegung das Wogen des Wassers ab. Immer tiefer geht es hinunter, bei dem Wort „Grund" ist für den Sänger der tiefste Ton erreicht. Dann, in der Tiefe, ist noch nicht die Rettung, aber die Erinnerung an die Rettung da. Als erstes taucht die Frage auf: „Was betrübst du dich, meine Seele, und bist so unruhig in mir?" Es ist alles noch nicht Gegenwart, es bleibt alles noch Zukunft und Hoffnung: „Ich werde ihm noch danken, dass er meines Angesichts Hilfe und mein Gott ist". Und die andere Stimme wagt sich heraus, der nahezu triumphale Abschluss des ersten Teils der Kantate ist eine Ahnung dessen, dass irgendwann dann doch das Tal der Bekümmernisse durchschritten werden kann.

Nach der Predigt im Gottesdienst folgt der zweite Teil der Kantate mit Rezitativ und Duett. Und diese beiden Stücke sind für mich, so befremdlich sie auf den ersten Blick wirken, der geheime Mittelpunkt dieses Werkes und haben mich am längsten beschäftigt. Im Dialog zwischen Jesus und der Seele entfaltet sich das langsame Auftauchen aus den „Bekümmernissen" des Lebens. In der Sprache der Mystik redet der Textdichter, Bach nimmt sie in seiner Musik geradezu virtuos auf. Und beiden Seiten muss man sich in Ruhe und mit Bedacht nähern.

Die mystische Erfahrung und das mystische Bewusstsein sind in dem komplexen Erscheinungsbild von „Religion" ein wichtiges Element. Dorothee Sölle hat sie, in ihrem Buch über „Mystik und Widerstand", neben der institutionellen und der intellektuellen Seite von Religion als das zentrale, intuitiv-emotionale Element des Christentums herausgestellt. Man kann darüber unterschiedlicher Meinung sein. Aber die „Gottesliebe", die als „Liebe zu Gott" auf die „Liebe Gottes zum Menschen" antwortet, ist mit Sicherheit eine im Protestantismus sehr unterentwickelte Seite der Frömmigkeit. Es ist erstaunlich, wie unbefangen und unmittelbar der Textdichter der Kantate diese Sprache der Mystik aufgreift und benutzt. Und wie völlig selbstverständlich Bach dieser Sprache eine musikalische Gestalt gibt.

Ein Element der mystischen Sprache fällt mir sofort auf. Die Mystik überträgt Erfahrungen der äußeren Welt in die innere. Und da es sich bei der „Gottesliebe" eben um „Liebe" handelt, tragen alle Liebeserfahrungen, die ein Mensch machen kann, ihr Bild in die inneren Glaubenserfahrungen hinein und geben der Sprache der Frömmigkeit eine enorme erotische Lebendigkeit. In anderen Kantaten Bachs geht das bis zur „Umarmung" und bis zum „Gnadenkuß". In der Kantate BWV 21 ahnt man beim „Durchsüßen der Seele" zumindest den Geschmack des Anderen. Und der Blick, der den Anderen oder die Andere trifft, macht den Körper und die Seele erzittern.

„Komm mein Jesus, und erquicke", singt der Sopran als Stimme der Seele. „Ja, ich komme und erquicke", singt der Bass als Stimme Jesu. Kunstvoll verschränken sich Bitte und Zusage, Erwartung und Ankunft. Das Warten des Mädchens auf den Freund durchbebt als Erinnerung den Dialog der Seele, die sich verloren glaubt, mit der Stimme Jesu, die das Versprechen einer unverbrüchlichen Liebe geradezu schwört. Überraschend überkreuzen sich das Ja und Nein, ein Taumel der inneren Stimmen und der inneren Erregung macht sich breit. Die auch am

Schluss sich nicht zu einer Stimme zusammenfinden. Die Modernität gerade dieses Duetts ist nicht zu überhören.

Der Philosoph Richard David Precht hat vor einigen Jahren einen Bestseller geschrieben mit dem Titel „Wer bin ich und wenn ja, wie viele?" Die Raffinesse dieses Titels hat, so vermute ich, wesentlich zu dem Erfolg des Buches beigetragen. Denn er knüpft an die Erfahrung an, dass die innere Konsistenz des Menschen, seine Identität, sich keineswegs von selbst versteht. Uralte Selbsterfahrungen sind das, wie sie schon der Apostel Paulus an sich konstatiert: „Denn das Gute, das ich will, das tue ich nicht; sondern das Böse, das ich nicht will, das tue ich" (Römer 7, 19). Aber über diese Erfahrung der eigenen Zerrissenheit hinaus: Selbst die Hirnforschung, so Precht, hat glücklicherweise den Ort eines Ich-Zentrums nicht feststellen können. Verschiedene Ich-Zustände kann man diagnostizieren. Die Einen werden mehr zu einem Körper-Ich, die Anderen zu einem Erlebnis-Ich, einem autobiographischen, einem moralischen Ich gehören oder zu einer noch anderen Erfahrung. Ein schillerndes, vielschichtiges und multiperspektivisches Ich sei das Zentrum unseres Lebens, und das Individuum sei der Anspruch und die Aufgabe, es zu sein.

Wenn ich dieses beim Hören der Kantate mitbedenke, dann legt sich mir ein einfacher Schluss nahe. Der Kummer hat die Tendenz, einen Menschen auf die Einlinigkeit seines augenblicklichen Lebens festzulegen. Da scheint es nichts anderes zu geben. Nur „Sturm und Wellen", „tiefer Grund" und der „Hölle Schlund". Die „Bekümmernis" beginnt damit, nach anderen Stimmen Ausschau zu halten. Erinnerungen an frühere Glaubenserfahrungen tauchen auf, an Sätze der Bibel vielleicht. Und dann sind auf einmal diese anderen Stimmen in der Seele da. Verzagte Niedergeschlagenheit und zuversichtliche Gotteszusage verschlingen sich ineinander. Der innere Dialog wird zu einer nie endgültigen, aber immer doch auch weiterführenden Station auf der Lebensreise.

Und auf einmal ist die Seele in der Lage, sich selbst gut zuzusprechen. „Sei nun wieder zufrieden, meine Seele, denn der Herr tut dir Gutes". Noch nicht ganz sicher ist sich die Seele mit dieser neu erworbenen Gewissheit, unendlich muss sie sich dies wiederholen, zunächst mit den Stimmen der Solisten, dann mit dem ganzen Chor. Und darüber schweben, manchmal fast unhörbar, aber in ihrem musikalischen Duktus sehr wirksam zwei Strophen aus dem Choral von Georg Neumark „Wer nur den lieben Gott lässt walten". Reflexionen über die

Traurigkeit sind es, aber auch unmittelbarer Zuspruch, aus dem Tal des Kummers langsam herauszusteigen. „Denk nicht in deiner Drangsalshitze, / Daß du von Gott verlassen seist".

Am stärksten allerdings geht mir der Schluss des ersten Choralverses nach. So wie es auch Wolf Biermann in seiner Meditation zu dieser Kantate 1991 im Schweizer Fernsehen gegangen ist. „Wir machen unser Kreuz und Leid / Nur größer durch die Traurigkeit". Soll damit dem Verbot der Traurigkeit das Wort geredet werden, und auch noch durch die, die sich alle Leiderfahrungen vom Leib halten wollen? Sei nicht so traurig! Wie schnell spricht sich das aus. Über die Unfähigkeit zu trauern, gerade auch in politischen und sozialen Kontexten, und über die Notwendigkeit einer seelischen Trauerarbeit ist in den vergangenen Jahrzehnten ein breiter Konsens gewachsen. Der Choralvers macht allerdings auf eine Differenzierung aufmerksam, die schon den Apostel Paulus beschäftigt hat und die in manchen Diskussionen zu kurz gekommen ist. Es gibt eine Traurigkeit, schreibt Paulus an die Korinther, die zum Leben führt, und eine andere, die den Tod wirkt (2. Brief an die Korinther 7, 10). Um es mit den Worten unserer Kantate zu sagen: Es gibt eine Traurigkeit, die sich dem „Kummer" völlig überlässt, und eine andere, die den Schritt zur „Bekümmernis" wagt. Die den Kummer auszusprechen versucht. Diesen dialogischen Charakter zwischen dem Selbstgespräch der Seele und dem Zuspruch des Chorals hat Bach in diesem Chorsatz mit wahrhaft überlegener Meisterschaft gestaltet.

„Erfreue dich, Seele, erfreue dich Herze / Entweiche nun, Kummer, verschwinde, du Schmerze". Die Seele kann sich nun, im beschwingten 3/8 Takt der Tenorarie, selbst die Befreiung zusprechen. Und dann folgt, mit dem Festorchester der drei Trompeten und der Pauke, wieder einer dieser großartigen Schlusssätze, an denen das Werk Johann Sebastian Bachs so reich ist. Mit kluger Überlegung hat der Textdichter den Bibelabschnitt Offenbarung des Johannes 5, 12f an den Anfang des Schlusschores gesetzt. „Das Lamm, das erwürget ist, ist würdig zu nehmen Kraft und Reichtum und Weisheit und Stärke und Ehre und Preis und Lob". Der, der auf dem Thron sitzt und dem die himmlischen Heerscharen das Lob singen, ist eben derselbe, der am Kreuz geopfert worden ist. Der den Kummer des Menschlichen in seiner ganzen Tiefe und Schwere am eigenen Leibe erlebt hat. Im Glauben an den, der mit uns gelitten hat und durch den Tod hindurch gegangen ist, mündet die „Bekümmernis" in den Lobgesang. Zu einer gewaltigen Fuge setzen zunächst die Solisten an, dann folgt der Chor. Am Ende überlagern und überschlagen sich die Stimmen. Wer durch diesen Schlusssatz nicht emotional mitgerissen wird, dem ist nicht mehr zu helfen. Allerdings sollte der Schlusssatz den Weg nicht vergessen machen, den die Kantate mit den Hörern textlich und musikalisch gegangen ist. Aus den Tiefen des Schiffbrüchigen zum ewigen Lob in der Herrlichkeit, das ist ein weiter Weg.

# Vom Vertrauen

**Kantate BWV 93 „Wer nur den lieben Gott läßt walten"**
**CD: Arie (Tenor) „Man halte nur ein wenig stille"** 3.49 Min.

Ich will es gleich gestehen. Ich habe die Kantate „Wer nur den lieben Gott läßt walten" zunächst einzig und allein wegen der Tenorarie ausgewählt. „Man halte nur ein wenig stille" – das ist nicht nur von der einprägsamen Melodie her unvergleichlich schön. Man ist doch halt eine romantische Seele! Aber bei der intensiven Beschäftigung mit dieser Arie wird die gesamte musikalische Gestaltung immer wichtiger. Wie da schon gleich am Anfang in den melodischen Zweitaktgruppen die Achtelpausen den Gesang untergliedern: „Man halte nur – ein wenig stille". Die kleine Pause, die nicht zu lang und nicht zu kurz ist, praktiziert die Stille. Das ist wie das Aufhorchen auf das, was Gott einem zu sagen hat. Die vollkommene Einheit von Inhalt und musikalischem Ausdruck übt sich schon in diesem kurzen Auftakt ein. Der Schritt zum Vertrauen ist das Stillehalten. Das Hören. Das Warten. Das will immer neu praktiziert und gelernt sein, und manchmal ist es auch eine Sache, die man nicht mehr lernen kann. Schon in dieser ersten Arie steckt eine erlebte Glaubenspraxis. Dass die ganze Kantate ein vollkommenes Gebilde ist, merke ich erst, als ich sie mehrfach höre.

Die Kantate BWV 93 gehört zu dem zweiten Jahrgang der Leipziger Kantaten, den Choralkantaten. Am 9. Juli 1724 ist sie zum ersten Mal aufgeführt worden. Das vollständige Aufführungsmaterial stammt allerdings von einer späteren Wiederaufführung aus der Zeit um 1732/33. Und es mag sein, dass die Kantate damals noch einmal umgearbeitet worden ist. Die Choralkantate zeigt ein von Bach in jenem Jahrgang häufig gebrauchtes Schema. Einige Verse des Chorals werden originalgetreu vertont, auf jeden Fall der erste und der letzte Vers. Dazwischen werden die Mittelverse durch freie Einschübe zu Rezitativen oder Arien umgestaltet. Der Choral stammt, mit Text und Melodie, von Georg Neumark. Bach hat den Choral offensichtlich sehr geschätzt, schon in der frühen Kantate „Ich hatte viel Bekümmernis" taucht er auf.

Georg Neumark hat den Anlass für die Entstehung dieses Chorals in seinem „Thränenden Haus-Kreuz" (1681) selbst erzählt. Es ist das Jahr 1641, also noch mitten im Dreißigjährigen Krieg. Als 19-jähriger Student fällt er auf dem Weg zur Universität Königsberg unter die Räuber und wird ausgeplündert. „Was

**1 Chor**
Wer nur den lieben Gott läßt walten / Und hoffet auf ihn allezeit, / Den wird er wunderlich erhalten / In aller Not und Traurigkeit. / Wer Gott, dem Allerhöchsten, traut, / Der hat auf keinen Sand gebaut.

**2 Rezitativ und Choral**
Was helfen uns die schweren Sorgen? / Sie drücken nur das Herz / Mit Zentnerpein, mit tausend Angst und Schmerz. / Was hilft uns unser Weh und Ach? / Es bringt nur bittres Ungemach. / Was hilft es, daß wir alle Morgen / Mit Seufzen von dem Schlaf aufstehn / Und mit beträntem Angesicht des Nachts zu Bette gehen? / Wir machen unser Kreuz und Leid / Durch bange Traurigkeit nur größer. / Drum tut ein Christ viel besser, / Er trägt sein Kreuz mit christlicher Gelassenheit.

**3 Arie**
Man halte nur ein wenig stille, / Wenn sich die Kreuzesstunde naht, / Denn unsres Gottes Gnadenwille / Verläßt uns nie mit Rat und Tat. / Gott, der die Auserwählten kennt, / Gott, der sich uns ein Vater nennt, / Wird endlich allen Kummer wenden / Und seinen Kindern Hilfe senden.

**4 Arie**
Er kennt die rechten Freudenstunden, / Er weiß wohl, wenn es nützlich sei, / Wenn er uns nur hat treu erfunden / Und merket keine Heuchelei, / So kömmt Gott, eh wir uns versehn, / Und lässet uns viel Guts geschehn.

**5 Rezitativ und Choral**
Denk nicht in deiner Drangsalshitze, / Wenn Blitz und Donner kracht. / Und dir ein schwüles Wetter bange macht, / Daß du von Gott verlassen seist. / Gott bleibt auch in der größten Not, / Ja gar bis in den Tod / Mit seiner Gnade bei den Seinen. / Du darfst nicht meinen, / Daß dieser Gott im Schoße sitze, / Der täglich wie der reiche Mann / In Lust und Freuden leben kann. / Der sich mit stetem Glücke speist / Bei lauter guten Tagen, / Muß oft zuletzt, / Nachdem er sich an eitler Lust ergötzt, / Der Tod in Töpfen! sagen. / Die Folgezeit verändert viel! / Hat Petrus gleich die ganze Nacht / Mit leerer Arbeit zugebracht / Und nichts gefangen: / Auf Jesu Wort kann er noch einen Zug erlangen. / Drum traue nur in Armut, Kreuz und Pein / Auf deines Jesu Güte / Mit gläubigem Gemüte; / Nach Regen gibt es Sonnenschein / Und setzet jeglichem sein Ziel.

**6 Arie**
Ich will auf den Herren schaun / Und stets meinem Gott vertraun. / Er ist der rechte Wundermann, / Der die Reichen arm und bloß / Und die Armen reich und groß / Nach seinem Willen machen kann.

**7 Choral**
Sing, bet und geh auf Gottes Wegen, / Verricht das deine nur getreu / Und trau des Himmels reichem Segen, / So wird er bei dir werden neu; / Denn welcher seine Zuversicht / Auf Gott setzt, den verläßt er nicht.

sollte ich nun tun? Wiederum zurück- und umkehren war wegen großer Unsicherheit gar nicht ratsam, entschloß mich deshalb unter dem Schirm Gottes mit ein paar guten Freunden fortzuwandern in der Hoffnung, der liebe Gott würde mir ja unterwegs aushelfen". Er zieht von Stadt zu Stadt, findet aber keine Anstellung. „So wurde ich so melancholisch, daß oftmals ich des Nachts in meiner Kammer den lieben Gott mit heißen Tränen knieend um Hilfe anflehte". „Der liebe und barmherzige Gott" erhört sein „Weinen und Klagen" und lässt ihm „schleunig seine große Gnade und Hilfe" erscheinen. Neumark erhält eine Hauslehrerstelle in Kiel und dichtet „noch des ersten Tages meinem lieben Gott zu Ehren" diesen Choral.

Ich lese, während ich mich in Bachs Kantate über den Choral einhöre, noch einmal wieder die Erzählung von Günter Grass über „Das Treffen in Telgte". Zum 70. Geburtstag des Gründers der Gruppe 47, Hans Werner Richter, porträtiert Grass jenes Dichtertreffen in einer fiktiven Zusammenkunft der wichtigsten Schriftsteller des 17. Jahrhundert in dem Wallfahrtsort zwischen Osnabrück und Münster. Angeblich im Sommer 1647. So doppeldeutig die Schilderung mancher damaliger Personen im Hinblick auf Kollegen der Gruppe 47 ist, und so kleinkariert manche Diskussionen über die Rolle der deutschen Sprache in der Literatur erscheinen: Grass gelingt überzeugend auch der Blick auf die Schriftstellerei des Barock und auf die soziale und politische Atmosphäre der Zeit. Der irenische Simon Dach aus Königsberg hat das Dichtertreffen angeregt und durchgesetzt und führt den Vorsitz. Georg Neumark ist nicht dabei, obwohl er zeitweise in Königsberg zu Dachs Dichterbund der „Kürbishüttengesellschaft" und später, als Archivar in Weimar, zu der „Fruchtbringenden Gesellschaft" gehörte, die auch mehrere schriftstellernde Fürsten bevorzugten. Aber immerhin stand das Treffen deutlich unter protestantischer Dominanz, ohne die Katholiken auszuschließen. Der streitbare Pfarrer Johann Rist aus dem holsteinischen Wedel war da, von dem zahlreiche Texte den Weg bis in das heutige Gesangbuch gefunden haben. Und natürlich der fromme Paul Gerhardt, der Vater des meditativen Kirchenliedes. Auch zwei protestantische Komponisten hatten sich eingefunden, der Königsberger Domorganist Heinrich Albert und die Ehrfurcht gebietende Gestalt des großen Heinrich Schütz. Aber die Wirren des „leidversessenen Jahrhunderts" (Grass) schlagen immer wieder über dem Dichtertreffen zusammen. Sie gipfeln in der Klage Simon Dachs im Rückblick auf den Untergang Magdeburgs und die folgenden Jahre: „Wo laß ich, Deutschland, dich? Du bist durch Blut und morden / Die dreißig Jahre nun dein Henker selbst geworden".

In dieser Zeit, in der die Soldateska immer mehr zu mordenden und sengenden Räuberbanden werden, in der ganze Länder durch Seuchen entvölkert werden, dichtet Georg Neumark „Wer nur den lieben Gott läßt walten"! Und wir sollen, mit zwei Weltkriegen im Rücken, von denen allein der Zweite Weltkrieg mehr als 60 Millionen Menschen das Leben kostete, 6 Millionen Juden und 500 000 Sinti und Roma in den Konzentrationslagern umgebracht wurden: Wir sollen diesen Choral über Gottes „Gnadenwillen" und „Allwissenheit" und des „Himmels reichen Segen" weiterhin in den Gottesdiensten singen und diese Kantate mit innerer Zustimmung hören?

Gerade bei diesem Choral und bei dieser Kantate merke ich, dass mir jede Bereitschaft und jede Fähigkeit zu einer inneren Differenzierung fehlt. Erst in längeren Überlegungen kann ich sie gewinnen. Denn die Aussagen von Georg Neumark über Gottes Wirken in der Welt und im Leben der Menschen sind keine allgemeinen Behauptungen, die wie ein physikalischer Tatbestand experimentell bewiesen werden und von jedem und überall zur Geltung gebracht werden können. Eine „Erfahrungsweisheit" ist dieses Lied, und die hat ihre eigenen Gesetze.

Gerhard von Rad hat in seiner „Theologie des Alten Testaments", mit Hinweisen auf Johann Gottfried Herder und André Jolles, das Phänomen der literarischen Form der „Weisheit" überzeugend interpretiert. Die „Weisheit" tendiert als „Steuermannskunst" aufs Allgemeine. Aber sie gilt nie überall und allgemein, sie ist und bleibt an Erfahrung gebunden. Als elementare Form der Lebenssicherung und Lebensbemächtigung fehlt ihr jedes exklusive Wahrheitsverständnis. Sie ist immer korrigibel, ist durch andere Erfahrungen zu widerlegen, ist grundsätzlich erweiterungsfähig. Gerade an den Grenzen menschlicher Erkenntnis entwickelt sie ihre Bedeutung und ihre Kraft. Mit einer Formulierung von Herder kann man die Besonderheit von Erfahrungsweisheit so zusammenfassen: Man soll nicht „aus ihr", man soll „mit ihr" lernen.

Ich vermute, Johann Sebastian Bach hat das alles bei der Komposition seiner Kantate „Wer nur den lieben Gott läßt walten" intuitiv gewusst. Schon der Eingangschor hat nichts Triumphales, Besserwisserisches. Fast zart beginnen Sopran und Alt die Fuge, bis der Chor in seiner Gesamtheit beteuert: Ja, es ist wahr, „wer nur den lieben Gott läßt walten". Diese Struktur von Einzelstimmen und Gesamtchor wird durch den ganzen Satz hindurch beibehalten. Wie eine Einladung ist das, sich auf Erfahrungen des Vertrauens einzulassen, die der gesamte Chor dann noch einmal unterstreicht. „Wer Gott dem Allerhöchsten traut, / Der hat auf keinen Sand gebaut". Das ist keine Einsicht, die man aus Büchern lernen kann. Das ist das Hinauswerfen des eigenen Ankers, der sich in Gott festmacht und abzuwarten bereit ist, ob sich das als ein sicherer Grund des Lebens bestätigt. Motivation zum Vertrauen, das ist hier ein und alles.

Das Rezitativ konfrontiert die Zeilen des zweiten Verses mit emotionalen Aktualisierungen. Fragen leiten zur Selbsterforschung an. Was helfen uns die schweren Sorgen? Was hilft uns unser Weh und Ach? Die Antworten scheinen auf der Hand zu liegen. Aber sie führen an dieser Stelle offensichtlich nicht viel weiter, wie der erhobene Zeigefinger der letzten Zeile andeutet. „Drum tut ein Christ viel besser, / Er trägt sein Kreuz mit christlicher Gelassenheit"! Wen wird das überzeugen? Erst bei dem Wort „Gelassenheit" scheint sich Bach wieder wohl zu fühlen.

Mit der Tenorarie, über deren unmittelbaren Eindruck ich schon geschrieben habe, geht es mir nach mehrmaligem Hören eigenartig. So überzeugend wirkt sie auch vom Text her, dass ich sie lange für eine direkte Vertonung des dritten Choralverses halte. Bis ich bei einem direkten Vergleich merke: Der Textdichter hat den entsprechenden Vers Georg Neumarks so kongenial verändert, dass man es kaum merkt. Ein wenig übermütig hatte Neumark den Choral überschrieben mit „Wie Gott es fügt, bin ich vergnügt". Durchaus überzeugend ersetzt der Textdichter die Hochstimmung des „In-sich-selbst-Vergnügten" durch die Situationsbestimmung „wenn mir die Kreuzesstunde naht". Auch die „Allwissenheit" lässt er weg, die Aussicht auf Gott als Vater, der den Kummer wenden wird, ist ihm wichtiger. So wird die Arie nicht nur in ihrer musikalischen, sondern auch in ihrer inhaltlichen Gestaltung zu einer überzeugenden Einladung, durch Stillehalten und Vertrauen die Erfahrung Gottes als eines helfenden Vaters zu machen. Wie es schon beim Propheten Jesaja heißt: „Durch Stillesein und Hoffen würdet ihr stark sein" (30, 15).

Nicht nur numerisch, von der Siebenzahl der Choralstrophen und der Kantatensätze, ist das Duett „Er kennt die rechten Freudenstunden" die Mitte dieses Werkes. In enger Kanonführung beginnen Sopran und Alt eine unaufdringliche Melodie, der Basso continuo vervollständigt sie zu einem Trio, aber es bleibt etwas Entscheidendes offen. Bis dann, in Tenorlage, der Instrumentenchor die Choralmelodie dazusetzt und zu einem Quartett rundet. Und man weiß, jetzt ist alles gesagt. Das aber spielt sich nicht nur auf der musikalischen Ebene ab. Zu den Erfahrungen des Menschen in seiner „Drangsalshilfe" und den Ratschlägen zum Hören und Warten fügt der vierte Vers, der hier ohne Veränderungen vertont wird, die Verheißung hinzu. „So kommt Gott, eh wir's uns versehn / Und lässet uns viel Guts geschehn". Auch das läuft nicht nach dem Kausalitätsprinzip ab; auch die Wahrheit der Verheißung ist eine Erfahrungsweisheit und wird als solche – als Anregung und zur Überprüfung – weitergegeben.

Noch einmal kombiniert, in dem zweiten Rezitativ, der Textautor einzelne Zeilen des fünften Verses mit dramatischen, emotional angereicherten Einschüben. Aber er praktiziert in diesem Teilstück der Kantate, was er in dem Anfangssatz des folgenden Satzes so beschreibt: „Ich will auf den Herren schauen". Angereichert ist dieses Rezitativ mit nahezu ständigen Verweisen auf biblische Erzählungen, die von den Wundern Gottes erzählen. Die Bibelkunde des Hörers wird auf eine gründliche Probe gestellt. Der Hinweis auf Petri Fischfang wird noch leicht aufzulösen gewesen sein, denn die Geschichte des Fischers, der die ganze Nacht nichts gefangen hat, aber auf Jesu Wort noch einmal hinausfährt und mit vollen Netzen zurückkehrt, ist das Evangelium des Sonntags, an dem die Kantate erklang. Auch die Geschichte vom reichen Mann und armen Lazarus wird noch fast jeder kennen. Schwieriger zu entschlüsseln ist allerdings der kurze Hinweis auf den „Tod im Topf", der an eine Elisa-Geschichte im zweiten Buch der Könige erinnert (4, 40), der in einer Zeit der Teuerung auf wunderbare Weise das Ungenießbare genießbar macht. Alle Verweise aber dienen der Bekräftigung, wie Gottes Nähe die Lebenserfahrungen auf den Kopf stellt und für unmöglich Gehaltenes Wirklichkeit werden lässt.

Die letzte Arie unterstreicht noch einmal, mit einer heiteren, von der Oboe begleiteten Sopranarie die feste Absicht des Glaubenden, sich nicht vom Weg des Vertrauens abbringen zu lassen. Dann ist der Radius des Lebens zwischen Drangsal und Zuversicht abgeschritten, und die Kantate endet, wie die meisten Kantaten Bachs, mit dem schlichten vierstimmigen Satz des Chorals. Eine letzte Ermahnung setzt noch einmal ein Ausrufezeichen hinter die Schilderungen des Vertrauens auf „des Himmels reichen Segen". „Sing, bet und geh auf Gottes Wegen".

Ich will nicht verschweigen, dass ich lange Zeit darüber enttäuscht war, wie die Kantaten Bachs zumeist enden. Oft hat man mächtige Eingangschöre gehört, manchmal mit dem Festorchester der Trompeten und Pauken. Sensible Rezitative, wunderbare Arien zwischendurch. Und dann hat man die Erwartung, dass zum Schluss noch einmal eine grandiose Steigerung des Ganzen erfolgt. Und es kommt – ein Choral. Oft nur ein einziger Vers. Ich habe lange gebraucht, bis ich es auch innerlich akzeptieren konnte, dass es für diesen großen Komponisten der Kirche Johann Sebastian Bach eben nichts Größeres gab, als eben – einen Choral. Im Choral bündelt sich die Musik, die im gesungenen Wort zur Verkündigung wird. Gemeinschaftsgebunden ist der Choral, und man kann diesen letzten Satz der Kantate als Hörer sogar noch mitsingen. Wenn man, wie eben bei den Choralkantaten, alle Höhen und Tiefen der Choralverse in der Kantate abgeschritten hat, ist man vielleicht erst in der Lage, einen schlichten Choralvers ganz von innen heraus zu verstehen.

Als eine „Weisheitslehre" habe ich die Kantate „Wer nur den lieben Gott läßt walten" zu interpretieren versucht. Die Weltlage scheint oft andere Schlussfolgerungen nahezulegen, und das Vertrauen auf die unendliche Güte Gottes kann man nicht doktrinär befehlen. Man kann nur Erfahrungen mitteilen und zum aufmerksamen Hören und Warten, eben zum Vertrauen, ermuntern. Die Gotteserfahrungen werden auch bei Jedem und bei Jeder anders sein. Wie es Jerzy Leç einmal in einem Aphorismus ausgedrückt hat: „Die Abdrücke vom Finger Gottes sind nicht immer identisch". Das Leben, auch und gerade das Leben im Angesicht Gottes, ist und bleibt ein Abenteuer.

# Vom Mut der Verzweiflung

**Kantate BWV 60 „O Ewigkeit, du Donnerwort"**
**CD: Schlusschoral „Es ist genung, Herr, wenn es dir gefällt"** 1.11 Min.

Hand aufs Herz: Wem würde bei der Erwähnung der „Ewigkeit" dieses Wort als ein „Donnerwort" erscheinen? Als ein „Schwert, das durch die Seele bohrt"? Es sei denn, er würde mit der „Ewigkeit" sofort den plötzlichen Tod, die Hölle und alle Höllenstrafen assoziieren. Bei Johann Rist stellt sich diese Verbindung nahezu automatisch ein. „O Ewigkeit, du machst mir bang", wird er in einem späteren Vers dieses Liedes dichten. Das deutet an, aus welchem Lager er kommt. Ein orthodoxer Bußprediger ist der Pfarrer aus dem holsteinischen Wedel, und streitbar ist er außerdem. Aus seinen Gottesdiensten werden die Leute mit schlotternden Knien nach Hause gegangen sein. Günter Grass hat in seiner schon erwähnten Erzählung „Das Treffen in Telgte" den Pfarrer, nach meinem Eindruck, sehr treffend beschrieben. „Alles an Rist war stattlich: sein nachhallender Predigerschwall, seine kammerherrlichen Auftritte, sein satter, marschländischer Humor, sein riesiges, immer mit bestem Tuch gekleidetes Gliederwerk, der Bart, die griffige Nase und selbst sein wäßriger Blick, so tückisch er sein linkes Auge verengen konnte. Zu allem hatte er eine Meinung. Nichts kam ihm unwidersprochen davon." Ähnliche Predigergestalten habe ich als junger Vikar in Ostfriesland noch bei lutherischen Pastoren erlebt, die sich dem konservativen Denken der amerikanischen Missouri-Synode verbunden fühlten. 45 Minuten Gesetz, 15 Minuten Evangelium, war ihre Devise bei der Predigt. Am Ende konnte man auf den harten Bänken kaum noch sitzen.

Aggressive Bußpredigt scheint aus der Mode gekommen zu sein. Sie war aber offenbar schon zu den Lebzeiten von Johann Rist umstritten. Auf seinen bekanntesten Choral von 1642 gab es sofort unzählige Parodien, und eine von ihnen hat sogar den Weg in das Gesangbuch von 1950 gefunden: „O Ewigkeit, du Freudenwort" (1692). Insgesamt ist der Wandel des Frömmigkeitsempfindens immer am besten an den Gesangbüchern zu studieren. Der Anteil der Texte von Johann Rist ist von zehn Liedern im „Evangelischen Kirchengesangbuch" (EKG) von 1950 auf fünf Texte im „Evangelischen Gesangbuch" (EG) von 1994 geschrumpft. Aber vor Überraschungen ist man bei Rist nie sicher. Die Verleihung des Dichterlorbeers 1644 durch Kaiser Ferdinand III. galt hoffentlich nicht nur seiner ungeheuren Produktivität. So gehört eines meiner Lieblingslieder

## O Ewigkeit, du Donnerwort — WV 60

**1 Arie**
O Ewigkeit, du Donnerwort, / O Schwert, das durch die Seele bohrt, / O Anfang sonder Ende! / O Ewigkeit, Zeit ohne Zeit, / Ich weiß vor großer Traurigkeit / Nicht, wo ich mich hinwende; / Mein ganz erschrocknes Herze bebt, / Daß mir die Zung am Gaumen klebt: – Herr, ich warte auf dein Heil.

**2 Rezitativ**
O schwerer Gang zum letzten Kampf und Streite! / Mein Beistand ist schon da. / Mein Heiland steht mir ja / Mit Trost zur Seite! / Die Todesangst, der letzte Schmerz / Ereilt und überfällt mein Herz / Und martert diese Glieder. / Ich lege diesen Leib vor Gott zum Opfer nieder. / Ist gleich der Trübsal Feuer heiß, / Genung, es reinigt mich zu Gottes Preis. / Doch, nun wird sich der Sünden große Schuld vor mein Gesichte stellen! / Gott wird deswegen doch kein Todesurteil fällen. / Er gibt ein Ende den Versuchungsplagen, / Daß man sie kann ertragen.

**3 Arie**
Mein letztes Lager will mich schrecken, / Mich wird des Heilands Hand bedecken, / Des Glaubens Schwachheit sinket fast. / Mein Jesus trägt mit mir die Last. / Das offne Grab sieht greulich aus. / Es wird mir doch ein Friedenshaus.

**4 Rezitativ**
Der Tod bleibt doch der menschlichen Natur verhaßt / Und reißet fast / Die Hoffnung ganz zu Boden. / Selig sind die Toten. / Ach! Aber ach! Wieviel Gefahr / Stellt sich der Seele dar, / Den Sterbeweg zu gehen! / Vielleicht wird ihr der Höllenrachen / Den Tod erschrecklich machen. / Wenn er sie zu verschlingen sucht; / Vielleicht ist sie bereits verflucht / Zum ewigen Verderben. / Selig sind die Toten, die in dem Herren sterben. / Wenn ich im Herren sterbe, / Ist denn die Seligkeit mein Teil und Erbe? / Der Leib wird ja der Würmer Speise! / Ja, werden meine Glieder / Zu Staub und Erde wieder – / Da ich ein Kind des Todes heiße –, / So schein ich ja im Grabe zu verderben. / Selig sind die Toten, die in dem Herren sterben, / Von nun an. / Wohlan! / Soll ich von nun an selig sein: / So stelle dich, o Hoffnung, wieder ein! / Mein Leib mag ohne Furcht im Schlafe ruhn, / Der Geist kann einen Blick in jene Freude tun.

**5 Choral**
Es ist genung: Herr, wenn es dir gefällt, / So spanne mich doch aus. / Mein Jesus kömmt: nun gute Nacht, o Welt! / Ich fahr ins Himmelshaus, / Ich fahre sicher hin mit Frieden, / Mein großer Jammer bleibt darnieden. / Es ist genung.

„Werde munter, mein Gemüte" zu den fünf Rist-Chorälen, und mit dem Weihnachtslied „Brich an, du schönes Morgenlicht" taucht sogar der beliebte Choral aus Bachs „Weihnachtsoratorium" wieder im Gesangbuch auf. „O Ewigkeit, du

Donnerwort" ist aber im „Evangelischen Gesangbuch" von 1994 nicht mehr zu finden.

Die Haltung von Johann Sebastian Bach zu Johann Rist scheint ambivalent gewesen zu sein. Seinen zweiten Kantatenjahrgang, die Choralkantaten, beginnt er, am 11. Juni 1724 (1. Sonntag nach Trinitatis), nahezu demonstrativ mit einer Vertonung des Chorals „O Ewigkeit, du Donnerwort" (BWV 20). Mit 16 Strophen taucht der Choral in den Leipziger Gesangbüchern der Zeit auf, Bach benutzt eine Fassung mit zwölf Strophen, fünf Strophen sind am Ende in dem Evangelischen Gesangbuch von 1950 übrig geblieben. Bach führt, an dieser Choralkantate, sein häufig wiederkehrendes Kompositionsschema vor. Einzelne Strophen, vor allem der Anfang und der Schluss, werden aus dem Choral direkt übernommen. Die mittleren Strophen sind weithin frei zu Rezitativen und Arien umgearbeitet. Das scheint alles auf eine hohe Wertschätzung des damaligen Dichterfürsten der Kirche hinzudeuten. Und schon sieben Monate vorher hatte Bach, in einem der seltenen Fälle der Doppelkomposition eines Textes, in unserer Kantate BWV 60 zumindest die erste Strophe des bekanntesten Rist'schen Chorals vertont. Aber, und das deutet die andere Seite der ambivalenten Haltung Bachs zu Rist an: Schon mit der Überschrift der Kantate nimmt Bach dem aggressiven Bußprediger jeden Wind aus den Segeln. Als „Dialogkantate" wird dieses Werk, das am 7. November 1723 seine erste Aufführung erlebte, angekündigt. In aller Deutlichkeit heißt es auf der Titelseite des Aufführungsmaterials: „Dialogus Zwischen Furcht und Hoffnung. Furcht: O Ewigkeit, du Donnerwort. Hoffnung: Herr, ich warte auf dein Heyl." Und das bedeutet doch: Der objektive Wahrheitsanspruch einer, biblisch untermauerten, dogmatischen Aussage auf der Kanzel wird umgelegt auf die subjektive Erfahrungsebene des gläubigen oder ungläubigen Menschen in der Gemeinde.

Man kann sich diese Veränderung nicht groß genug denken. Da konfrontiert Johann Rist die Kürze der Lebenszeit mit der „langen Nacht" der Ewigkeit. Der „Zeit ohne Zeit", Rists Dichtungen hatten schon eine große poetische Plausibilität. Damit ist, angesichts der Schrecken der Ewigkeit, das Leben als eine Zeit des Erschreckens und der Traurigkeit, damit aber auch als eine Zeit der Entscheidung, der Buße und der Umkehr charakterisiert. Und der Choral legt diese Weltsicht hinein in die Herzen und in die Stimmen der Gemeinde. – Die Kantate Bachs über diesen Choralvers sagt: Ja, das ist wahr. Diesen Schrecken über das Ende des Lebens, diese acedia, diese Schwermut, die Traurigkeit und die Verzweiflung kennen wir. Aber es ist nicht eine Wahrheit über uns, sondern eine Stimme in uns. Es ist die Stimme der Furcht, die im Dialog, im Kampf, in der Auseinandersetzung liegt mit anderen Stimmen. Und sie nimmt dem Prediger die Gewissheit über die Richtigkeiten aus der Hand, und macht das Leben, auch das Leben in der Kirche und in der Gemeinde zu einem Austausch von Erfahrungen.

Mit einer Orchesterkomposition beginnt der Einleitungssatz der Kantate. Tonwiederholungen, Akkordbrechungen in der Continuo-Begleitung deuten Unheil an, die beiden Oboe d'amore besänftigen den Aufruhr. Dann erhebt, mit dem Solisten des Alt, die „Furcht" ihre Stimme und intoniert, unterstützt von einem Horn, die Choralmelodie des Johann Schop „O Ewigkeit, du Donnerwort". Der Alt singt, ausdrucksvoll, die Choralstrophe ohne weitere Ergänzungen, das Orchester führt seine Sache weiter, ohne den Gesang, etwa das „Donnerwort", mit besonderer Aufmerksamkeit zu bedenken. Dass die Stimme der „Furcht" viele Worte und immer neue Begründungen findet, fällt erst auf, als die Stimme der „Hoffnung" (Tenor) mit einem einzigen Satz einfällt und diesen, im Laufe der ersten Arie, mehr als 20 Mal wiederholt. „Herr, ich warte auf dein Heil", wobei der Nachdruck in den Koloraturen von Bach auf das „Warten" gelegt wird. Offensichtlich hat die Hoffnung keine weiteren Begründungen und Rechtfertigungen als eben ihre pure Existenz. „Furcht" und „Hoffnung" finden im Grunde nicht zueinander, von einem „Dialog" kann man überhaupt nicht reden. Beide Stimmen erscheinen „gleichsam wie im Dunkeln einander suchend" (Hans-Joachim Schulze).

In den folgenden drei Sätzen finden „Furcht" und „Hoffnung" eher zu einem Dialog, aber sie behalten – auch musikalisch – ihre jeweilige Eigenart. In dem Rezitativ „O schwerer Gang zum letzten Kampf und Streite" beachte man die vergleichbare und doch so unterschiedliche Gestaltung der Koloraturen bei den Wörtern „martern" (Furcht) und „ertragen" (Hoffnung). Das „martern" weckt alle Assoziationen an die den Menschen zerreißende Qual von Todesangst und Schmerz. Dass Gott dem Menschen nicht mehr auferlegt, als er „ertragen" kann, lässt die Leichtigkeit wieder bewusst werden, die zur Normalität des Lebens gehört. Der Gegensatz von „Furcht" und „Hoffnung" steigert sich noch in der darauffolgenden Arie, die das Grauen des offenen Grabes (Furcht) einer Interpretation als „Friedenshaus" (Hoffnung) gegenüberstellt. Das zweite Rezitativ („Der Tod bleibt doch der menschlichen Natur verhaßt") steigert das Entsetzen der Furcht noch weiter bis zum Anblick der Würmer, die den Leib im Grabe zerfressen. Der „Hoffnung" verschlägt es anscheinend ob solcher Massivität der Angst und Verzweiflung die Sprache. An ihrer Stelle übernimmt die „Stimme Christi" (Bass) den Dialog mit dem Wort aus der Offenbarung Johannis

„Selig sind die Toten, die in dem Herrn sterben, von nun an" (Offenbarung des Johannes 14, 13). Unvergesslich, wie hier diese beiden Stimmen in ihrer totalen Andersartigkeit gegeneinander geführt werden und wie die Stimme Christi die umfassende Geltung ihrer Verheißung erst nach und nach zutage treten lässt.

Der Theologe und Musikwissenschaftler Jochen Arnold hat, in seiner Analyse der Kantate, aus einer musikalischen Untersuchung der Mittelsätze den Schluss gezogen, Bach habe – gerade von der Verwendung des musikalischen Materials her – gegenüber der „Furcht" ein „geistliches Hausverbot" für das „Friedenshaus" des Grabes ausgesprochen. Die „Furcht" habe fortan zu schweigen, die „Hoffnung" beherrsche klar das Feld.

Ich kann das überhaupt nicht nachvollziehen. Es ist ja doch, in dem anschließenden Rezitativ, allein die „Furcht", die redet. Allenfalls von dem Beginn einer Integration der „Hoffnung" in die „Furcht" wäre da zu reden. Von einer Wiederzulassung der „Hoffnung". Es sieht so aus, als stünde dahinter die Meinung, die Furcht und die Verzweiflung hätten keine Sprache und hätten keinen Mut, bis zum Ende zu ihrer Situation zu stehen. Als habe es das Wort Christi am Kreuz nie gegeben: „Mein Gott, mein Gott, warum hast du mich verlassen!" (Markus 15, 34).

Das alles spricht der Schlusschoral an und aus. Bach hätte wohl auch die Schlussstrophe des Rist'schen Chorals komponieren können. Aber er schlägt offenbar seinem uns unbekannten Textdichter eine Strophe aus Franz Joachim Burmeisters Choral von 1662 vor mit einer Melodie von Johann Rudolf Ahle, der einer seiner Amtsvorgänger auf der Organistenstelle in Mühlhausen war. Und die ersten vier Töne des Schlusschorals dieser Kantate mit dem Text „Es ist genung" sind die folgenreichste Tonfolge nicht nur der Musikgeschichte geworden. Bach verändert den Anfang der Melodie um einen halben Ton und wagt den „Tritonus", den „Diabolus in musica" (a' h' cis" dis"). Dieser Beginn in Ganztonschritten ist ein einziger Schrei. Die Verzweiflung findet endgültig zu ihrem Mut, und sie spricht sich aus – vor Gott. „Herr, wenn es dir gefällt / So spanne mich doch aus". Der Beter ist bereit, sich aus dem Geschirr des Lebens nehmen zu lassen. Von einer großen kompositorischen Kühnheit ist der ganze Schlusschoral Bachs geprägt. In der Textzeile „Mein großer Jammer bleibt darnieden" wird durch eine Tonverschiebung von Fis-Dur nach d-moll noch einmal der ganze Jammer und Schmerz der durchlaufenen Zeit sichtbar. Ehe, mit dem letzten „Es ist genung", der Verzweifelte sich endgültig in die Arme Gottes hinein ergibt.

Es ist der Mut der Verzweiflung, in seinem Jammer und in seinen Schmerzen nicht unterzugehen, sondern sie festzuhalten und vor Gott zur Sprache zu bringen. Unzählige Menschen haben sich in dieser Erfahrung des „Es ist genung" wiedererkannt. Anklage und Zustimmung, Widerstand und Ergebung: Es ist beides darin. Eine der weithin erkennbaren Folgewirkungen des Bach'schen Schlusschorals ist mit dem Tod der 18-jährigen Manon Gropius verbunden. Manon war die Tochter aus der zweiten Ehe von Alma Mahler-Werfel mit dem Architekten Walter Gropius. Bei einem ihrer häufigen Aufenthalte in Venedig hatte sie sich an der dort grassierenden Polio-Epidemie mit Kinderlähmung angesteckt. Die Bilder aus dieser letzten Zeit zeigen ein schönes, schlankes, zurückhaltendes Mädchen, das offenbar große Sympathien genoss. Ihre hochproblematische Mutter trieb in den Monaten ihrer Krankheit einen regelrechten Kult mit ihr, verlobte sie sogar. Am Ostermontag 1935 starb Manon in Wien. Ihre letzten Worte waren: „Lasst mich ruhig sterben – ich werde doch nicht mehr gesund – und meine Schauspielerei, die redet ihr mir doch nur aus Mitleid ein".

Der Tod Manons erweckte eine ungeheure Welle von Anteilnahme. Der Schönberg-Schüler Alban Berg, der einer der engsten Freunde von Walter Gropius war, unterbrach seine Arbeit an der Oper „Lulu" und schrieb sein einziges Violinkonzert, das er „Dem Andenken eines Engels" widmete. Es sollte sein eigenes letztes vollendetes Werk werden. Und in dem zweiten Satz taucht, als Grundlage für die Variationen des abschließenden „Adagio", nach einem gewaltigen Aufbäumen im „Allegro", der gesamte Schlusschoral aus der Bach-Kantate „Es ist genung" auf. Im Wechsel zwischen der Solovioline und den Holzbläsern wird er schlicht vorgetragen. Es kommen noch einmal Eruptionen der Verzweiflung. Aber nach dem Mut, seine Verzweiflung vor Gott hinauszuschreien, folgt eine Sphäre der Ruhe und der Transparenz. Der Satz endet ganz oben im Himmel, mit den höchsten Tönen der Solovioline und einem ruhenden Akkord, ganz wie bei Bach.

Das Violinkonzert von Alban Berg wühlt mich noch stärker auf als die Kantate Bachs. Es ist nach meinem Empfinden und nach meinen Eindrücken mir noch näher. Aber ganz deutlich steht mir vor Augen: Ohne Johann Sebastian Bach hätte es das alles nicht gegeben. So geben sich die Schmerzens- und die Glaubenserfahrungen die Hand. Auch über die Jahrhunderte hinweg.

# Vom hohen Lied der Liebe

**Kantate BWV 49 „Ich geh und suche mit Verlangen"**
**CD: Arie (Duett Sopran/Bass) „Dich hab ich je und je geliebet"** 4.50 Min.

Da musiziert dieser Bach einfach drauflos. Das offenbart noch einmal eine andere Seite im Wesen dieses Kantors der Kirche, und deshalb liebe ich diese Kantate. Die Kraft eines vollblütigen Musikanten kommt zum Vorschein. Zu seinen Lebzeiten war Bach sowieso vor allem als hervorragender Orgelkenner und als überragender Orgelvirtuose berühmt. Da greift dieser Meister des Orgelspiels in der einleitenden Sinfonia in die Tasten und tritt in die Pedale, dass es nur so rauscht. Die lückenhafte Notierung des Orgelparts in den Originalnoten legt die Vermutung nahe, dass Bach selbst auf der Orgelbank Platz nahm und die Gesamtleitung einem Anderen überließ. Und da sehe ich ihn auf der Orgel der Thomaskirche vor mir, im ersten Satz der Kantate gibt das Orchester mit Streichern und Oboe die muntere Melodie vor, und dann setzt die „Königin der Instrumente" mit glitzernden Läufen und hellen Orgeltönen ein. In der Mitte der Sinfonia gibt es kleine Ruhepausen, und dann geht es weiter. Der Satz will gar nicht enden, die Freude am Musizieren reißt die Musiker einfach fort. Auf eine Köthener Komposition greift Bach wahrscheinlich zurück; er wird diesen Satz später im Schlusssatz des Cembalokonzertes BWV 1053 gebrauchen können. Schon 14 Tage vorher hatte er zwei Sätze dieser vermuteten Urform in die Kantate BWV 169 „Gott soll allein mein Herze haben" eingefügt. Bach ist ein ökonomischer Arbeiter, wie könnte er sonst die Fülle der Aufgaben bewältigen. Aber wenn er musiziert, dann reißt ihn die Begeisterung an der Musik mit sich fort. Die einleitende Sinfonia der Kantate BWV 49 ist ein schönes Beispiel dafür, und in der Schlussarie taucht diese pure Freude am Musizieren noch einmal wieder auf.

Zwischen diesen beiden Sätzen aber liegen in dieser Kantate Rezitative und Arien, die eine gedankliche wie eine sinnliche Akrobatik herauszufordern scheinen. Das „Gleichnis von der königlichen Hochzeit" im Matthäusevangelium 22, 1-14 ist das Evangelium des 20. Sonntags nach Trinitatis, an dem die Kantate BWV 49 erstmals erklang (3. November 1726). Das Gleichnis erzählt von einer Hochzeit, die ein König seinem Sohn ausrichtete. Viele Gäste lud er zu der Feier ein. Aber die Gäste schlugen – unverständlicherweise – die Einladung aus. Daraufhin lud der König andere Gäste zu der Feier ein, und es waren Leute von

## Ich geh und suche mit Verlangen BWV 49

**1 Sinfonia**

**2 Arie**

Ich geh und suche mit Verlangen / Dich, meine Taube, schönste Braut. / Sag an, wo bist du hingegangen, / Daß dich mein Auge nicht mehr schaut?

**3 Rezitativ**

Mein Mahl ist zubereit' / Und meine Hochzeitstafel fertig, / Nur meine Braut ist noch nicht gegenwärtig. / Mein Jesus redt von mir; / O Stimme, welche mich erfreut! / Ich geh und suche mit Verlangen / Dich, meine Taube, schönste Braut. Mein Bräutigam, ich falle dir zu Füßen. / Komm, Schönste / Schönster, komm und laß dich küssen, / Du sollst mein sein / Laß mich dein fettes Mahl genießen. / Komm, liebe Braut, und eile nun. / Mein Bräutigam! Ich eile nun, / Die Hochzeitskleider anzutun.

**4 Arie**

Ich bin herrlich, ich bin schön, / Meinen Heiland zu entzünden. / Seines Heils Gerechtigkeit / Ist mein Schmuck und Ehrenkleid; / Und damit will ich bestehn, / Wenn ich werd in'n Himmel gehn.

**5 Rezitativ**

Mein Glaube hat mich selbst so angezogen. / So bleibt mein Herze dir gewogen, / So will ich mich mit dir / In Ewigkeit vertrauen und verloben. / Wie wohl ist mir! / Der Himmel ist mir aufgehoben: / Die Majestät ruft selbst und sendet ihre Knechte, / Daß das gefallene Geschlechte / Im Himmelssaal / Bei dem Erlösungsmahl / Zu Gaste möge sein, / Hier komm ich, Jesu, laß mich ein! / Sei bis in Tod getreu, / So leg ich dir die Lebenskrone bei.

**6 Arie**

Dich hab ich je und je geliebet, / Und darum zieh ich dich zu mir. / Ich komme bald, / Ich stehe vor der Tür, / Mach auf, mein Aufenthalt!
Wie bin ich doch so herzlich froh, / Daß mein Schatz ist das A und O, / Der Anfang und das Ende. / Er wird mich doch zu seinem Preis / Aufnehmen in das Paradeis; / Des klopf ich in die Hände, / Amen! Amen! / Komm du schöne Freudenkrone, bleib nicht lange! / Deiner wart ich mit Verlangen.

der Straße. Der uns unbekannte Librettist der Kantate übernimmt aus dem Gleichnis nur gerade die Metapher des königlichen Hochzeitsmahles, des königlichen Bräutigams und der Braut (die in dem Gleichnis gar nicht erwähnt wird). Alle anderen Züge der Geschichte stammen aus völlig anderen Zusammenhängen. Und er hinterlässt dem Hörer der Kantate die schwierige Aufgabe, nicht nur die Herkunft der verschiedenen Stoffe zu bestimmen. Sondern vor allem, tiefer in das Verständnis von ehelicher Liebe einzudringen und dabei das Verhältnis von sinnlicher und geistlicher Liebe genauer zu beschreiben.

Denn der überwiegende Teil des Textes der Kantate kommt aus einem Zyklus von wunderbaren Liebesliedern. Das „Hohelied Salomos" ist eine Sammlung populärer Liebes- und Hochzeitslieder, die wahrscheinlich im dritten oder zweiten Jahrhundert vor Christus gesammelt und dem König Salomo zugeschrieben worden sind. Das Buch steht im Alten Testament hinter den Psalmen, den Sprüchen und dem Prediger Salomos. Ein „Freund" und eine „Freundin" preisen die Schönheit und Kraft des Anderen/der Anderen und das Wunder der Liebe in den höchsten Tönen. Dieses jüdische Buch hat eine ungeheure Nachwirkung in der Geschichte des christlichen Mittelalters gehabt. Die Jahrhunderte sind bis in die Neuzeit hinein von „Dialogen" in Liedern, Gebeten, Predigten, Erbauungsschriften durchzogen, in denen ein Mann mit einer Frau und eine Frau mit einem Mann über die Liebe reden. Gemeint ist dort freilich überall das „mystische Gespräch" zwischen Jesus und der Seele, die sich wechselseitig ihrer unverbrüchlichen Liebe versichern. Und Johann Sebastian Bach komponiert mit der Kantate „Ich geh und suche mit Verlangen" einen solchen „dialogus".

Die erste Arie lässt noch die Herkunft des Stoffes aus dem Zyklus von Liebesliedern in absolut reiner Form erkennen. „Ich geh und suche mit Verlangen / Dich, meine Taube, schönste Braut" singt der Bass mit einer kraftvollen Melodie. Die Metapher der „Taube", die „Suche" nach der Braut, das stammt alles aus dem alttestamentlichen Buch. „Meine Taube in den Felsklüften, im Versteck der Felswand, zeige mir deine Gestalt, laß mich hören deine Stimme; denn deine Stimme ist süß und deine Gestalt ist lieblich". So heißt es im „Hohelied" (2, 14). Vom Anfang bis zum Ende besingt Bachs Kantatenarie diese ängstliche Suche des Mannes nach der verschwundenen Braut, und nichts deutet darauf hin, dass etwas Anderes gemeint sein könnte als ein Sehnsuchtslied, das jeder schon einmal gesungen hat und das jeder kennt.

Erst bei dem darauf folgenden Rezitativ fällt, ganz nebenher, in den Worten der Braut ein anderes Stichwort. „Mein Jesus redt von mir", sagt sie zu sich. Der Librettist hat das alles anscheinend von Anfang an mitgemeint, spielt mit einer doppelten Bedeutung, verknüpft ständig zwei verschiedene Ebenen. Das Stichwort „Jesus" ist dann auch sofort wieder verschwunden. Der Bräutigam wiederholt ein Stück der vorhergehenden Arie mit seiner Suche nach der verschwundenen Taube. Die Braut wird gefunden, sie fällt dem Bräutigam zu Füßen, die beiden Stimmen umkreisen sich in einem zärtlichen Ballett. „Komm und laß dich küssen", singen Braut und Bräutigam im Wechsel, und „Laß mich dein fettes Mahl genießen", was immer das bedeuten mag. Am Ende finden sich die Beiden in einem schönen, kurzen Duett „Ich eile nun / Die Hochzeitskleider anzutun". So handfest, so profan diese Liebesbegegnung beschrieben wird: Das Stichwort „Jesus" kann man trotzdem nicht ganz aus seinen Gedanken verdrängen. Kann man die Glaubensbeziehung des Menschen zu Jesus so sinnlich, so erotisch definieren?

In meiner Zeit als Theologiestudent in den fünfziger Jahren des letzten Jahrhunderts gab es in dieser Sache eine unumstößliche Wahrheit. Es gäbe zwei Arten von Liebe, so haben wir es gelernt und in keiner Weise bezweifelt: den Eros und die Agape. Der Eros ist die irdische Liebe. Sie will besitzen. Sie ist schnelllebig, kann die Objekte der erotischen Anziehung austauschen. Die Agape ist die geistliche Liebe, und um die geht es im Glauben. Diese Liebe gibt sich hin. Sie ist die Liebe, wie es Paulus in erste Korinther 13 sagt, die bleibt, wenn alles sonst vergeht. Weil sie die Antwort des Menschen auf die bleibende Liebe Gottes ist. – Unschwer wird man das hellenistische Schema von Natur und Übernatur, von Fleisch und Geist in dieser Gegenüberstellung erkennen. Aber ist das wirklich aufrecht zu erhalten in einem Glaubenszusammenhang, der in seinem Kern das Bekenntnis ausspricht, dass das „Wort" in Christus „Fleisch" geworden sei (Johannes 1, 14)? Um es nicht als Grundlagenfrage zu diskutieren, sondern gleich auf die sinnliche Sprache der Kantate Bachs zu beziehen: Ist die biblische Weitergabe eines Buches von Liebesliedern, die die erotische Kraft der Liebe preisen, eben die Aufnahme des „Hohenliedes Salomos" in den Kanon der heiligen Schriften, ein einziger Irrtum gewesen? Haben die jüdische Synode von Jamnia im Jahr 90 nach Christus, die die Aufnahme beschlossen hat, und die christlichen Synoden von Hippo (393) und von Karthago (397), die diesen Kanon bestätigt haben, einer heidnischen Häresie das Wort geredet?

Lange Zeit ist man in der theologischen Forschung des Judentums wie des Christentums völlig selbstverständlich von der Annahme ausgegangen, die Einreihung des „Hohenliedes Salomos" in den biblischen Kanon sei unter der Voraussetzung einer mystischen Interpretation des Buches vollzogen worden. So ist es noch heute die gängige jüdische Auslegung: Das Buch beschreibe, in handfesten, irdischen Bildern, die Liebesgeschichte Gottes mit seinem Volk Israel. Die christliche Auslegungsgeschichte hat dies sofort übernommen, und in der Kantate BWV 49 haben wir ein spätes Beispiel für diese lang wirkende Tradition. Jesus und die Seele suchen und finden sich in einer intensiven Liebesbeziehung, die bis zum Kuss geht und bis zum Hochzeitsmahl und dem, was darauf folgt. Der niederländische Theologe Kornelis Heiko Miskotte hat jedoch in seinem schon klassisch gewordenen Werk „Wenn die Götter schweigen. Vom Sinn des Alten Testaments", im Anschluss an neuere jüdische Theologen wie Franz Rosenzweig, einer solchen mystischen Interpretation sowohl in historischer wie in aktueller Auslegung rundherum widersprochen. Wenn es so wäre, dann müsste die Kanonisierung des „Hohenliedes" hinterher rückgängig gemacht werden, nicht, weil es so „sinnlich", sondern weil es so „mystisch" sei. Denn die Besonderheit der Gotteserkenntnis Israels sei deren radikale Diesseitigkeit. Die Gotteserkenntnis Israels ist die geschichtsmächtige Erfahrung seiner Liebe. Die Liebe, das Ich und das Du, das Geheimnis des Anderen, das sind die Urverhältnisse des Menschen: Und sie sind, im geistleiblichen Liebesleben von Mann und Frau, eine Abspiegelung der Liebe Gottes. So hat Israel Gott erlebt: „Brennend vor Nähe, gewaltig in seiner Treue, innig in seiner Umarmung, furchtbar in seiner Abweisung" (S. 272). „Denn Liebe ist stark wie der Tod und Leidenschaft unwiderstehlich wie das Totenreich" (Hohelied 8, 6). Von welcher Liebe könnte man das sagen wenn nicht von der, die ihre „feurige Glut" erhält von dem Ereignis des erwählenden und zugreifenden Naheseins Gottes. Den „Überschuss" des Alten Testamentes nennt Miskotte diese Erfahrung der Diesseitigkeit des Glaubens in der Geschichte Israels, die die Christen unter dem Zeichen der Vergeistigung und Spiritualisierung im Neuen Testament dringend als Ergänzung brauchen. Rundherum zustimmen kann ich einer solchen Interpretation.

Wenn ich jetzt die Kantate BWV 49 noch einmal wieder höre: Nie war Johann Sebastian Bach in seinen Kompositionen dem jüdischen Glauben näher als in diesem Werk. Und dann nehme ich Bachs persönliche Lebensumstände dazu: Hat er seine Jahre nicht in intensiver Erfüllung und in vitaler Diesseitigkeit gelebt? In seiner Ehe mit Anna Magdalena: 13 Kinder in 19 Jahren haben sie miteinander zur Welt gebracht, wenn man die Zeit von der Geburt der ersten Tochter (1723) bis zur letzten (1742) zählt. Das wird man doch nicht nur unter die Erledigung ehelicher Pflichten verrechnen dürfen! In dem Wenigen, was wir von den Beziehungen dieses Ehepaares wissen, tauchen immer wieder Züge einer intensiven und zärtlichen Zuneigung zueinander auf. Ob das die Einrichtung der beiden „Clavier-Büchlein" für seine Frau am Beginn ihrer Ehe ist oder ihre Eintragung des schönen Liebesliedes von Giovanini „Willst du dein Herz mir schenken, so fang es heimlich an". Oder die Geschichte mit dem dressierten Hänfling, den er sich von einem Kollegen aus Halle für seine Frau schicken lässt. Immer wieder die Nelken, die Anna Magdalenas Lieblingsblume war. Und sie hat nicht nur die ständig wachsende Familie und den riesigen Haushalt zu versorgen gehabt, der jeden Tag für Gäste offen war. Sie war auch die wichtigste Kopistin seiner Werke. Nur in einem engen und sicher auch manchmal streitbaren Miteinander werden sie das geschafft haben. Ich weiß es nicht, kann es mir aber vorstellen: Die Liebeslieder dieser Kantate könnten Bach ganz von innen her berührt haben. Eine Bestätigung seines Weges in die von Gott geschenkte Liebe und Treue dieser Ehe werden sie allemal gewesen sein.

„Ich bin herrlich, ich bin schön". Die Sopranarie, mit der die Kantate sich dem Ende zuneigt, ist wie eine Bestätigung der eben geäußerten Vermutungen. Sie gehört mit zu den schönsten Melodien, die Bach erfunden hat. Hier muss er eigentlich jemanden vor Augen gehabt haben, den er als „herrlich" und als „schön" empfunden hat. Das Violoncello piccolo setzt ein, die Oboe d'amore folgt, beides sind Instrumente der Zartheit. Der Sopran spricht es aus. Zielgerichtet läuft die kleine Melodiephrase auf den Höhepunkt zu: „Ich bin schön". Schönheit ist kein objektiver Tatbestand, merke ich sofort, der in den Dingen oder in den Menschen liegt. Schönheit ist eine Sache der Beziehung. Völlig zwanglos fügen sich die sinnliche und die geistliche Ebene zusammen. Schön bin ich, weil ich angeschaut, geliebt bin. Weil mir Gottes Heil, seine Zuneigung, zugesprochen und zugeteilt worden ist. Und welch ein kühner Gedanke: „Ich bin herrlich, ich bin schön / Meinen Heiland zu entzünden". Die Schönheit des Menschen kann Christus und kann Gott begeistern! Einen solchen Gedanken wagt wohl nur der zu denken, dem die Liebesbegegnung zwischen Mann und Frau wirklich zum Bild der Glaubensbegegnung zwischen Gott und den Menschen geworden ist.

Die Kantate bleibt auf dieser Ebene einer ganzheitlichen Wirklichkeitsbeschreibung. Das letzte Rezitativ schildert die Verlobung zwischen Braut und Bräutigam, das Hochzeitsmahl, und damit die Einsetzung des „gefallenen Geschlechtes" in die „Herrlichkeit des Himmels". Die Abschlussarie aber ist dann noch einmal ein Meisterwerk in der Identifikation von sinnlicher Konkretion und geistlicher Transparenz. Die unbändige Musizierfreude des Orgelkonzertes vom Anfang taucht wieder auf, und dann lässt das kunstvolle Geflecht von Bassarie und Choral im Solosopran vergessen, dass es in dieser Kantate keinen Chor gibt. Der Bass bleibt auf der Erfahrungsebene der liebenden Begegnung von Braut und Bräutigam und versichert der Braut seine unveränderbare Zuneigung. Nur in dem „je und je geliebet" und in dem „Ich komme bald" werden Elemente eines anderen Bedeutungsgehaltes erkennbar. Der Sopran singt in langen Noten, mitten in die Zusicherungen des Bräutigams hinein, die 7. Strophe des Epiphaniaschorals von Philipp Nicolai (1599) „Wie schön leuchtet der Morgenstern". Die Offenbarung der Herrlichkeit Jesu besingt dieser Choral, den wir im Tonsatz Bachs aus der entsprechenden Kantate auch in unserem gegenwärtigen Gesangbuch haben. „Wie bin ich doch so herzlich froh, / Daß mein Schatz ist das A und O". Und mir fällt erst im Zusammenhang dieser Kantate auf, wie viele Anspielungen mit „Schatz" und „des klopf ich in die Hände" und „Freudenkrone" auch dieser Choral auf die fröhliche Stimmung einer Hochzeitsfeier hat. In die sinnliche Erfahrbarkeit unseres Lebens holt die Kantate BWV 49 den Glauben der Christen herunter. Die unbändige Freude am Musizieren und die wirklich schlafraubende Aufregung der liebenden Begegnung von Menschen greifen ineinander. Beides gibt der Glaubenserfahrung einen neuen Schwung. Zudem hat es die Liebe mit der Treue zu tun, und Treue schafft, mitten in allen Konflikten, den lebenswichtigen stetigen Aufwind.

# Von der Freude

**Kantate BWV 147 „Herz und Mund und Tat und Leben"**
**CD: Schlusschoral „Jesus bleibet meine Freude"** 3.15 Min.

Bis in den Schlaf hinein verfolgte mich die Melodie. Der Organist hatte bei der Beerdigung wieder einmal das Lieblingsstück meiner Frau gespielt, ich hatte ihr davon erzählt. Um ihr zu verdeutlichen, um welche Musik es sich handelte, hatte ich ihr die Triolen der Begleitung vorzusingen versucht. Jetzt saß das ganze Stück wieder wie ein Ohrwurm in meinem Inneren. Wie oft und in welch unterschiedlicher Besetzung hatte ich dieses Stück in meinem Leben schon gehört! Natürlich als Orgelstück mit Trompete; die Trompete blies den Choral, je nach dem Können des Musikers, in weichen Tönen oder mit schmetternder Wucht in den fließenden Orgelsatz hinein. Eindrucksvoll waren die Aufführungen mit großem Blasorchester; das riss einen richtig zu Beifallsstürmen hin. Dass die Engländer gerade dieses Musikstück von Bach so sehr mögen, hängt sicher mit der Begeisterung für die „Proms" und für Edgar Elgars „Pomp and Circumstances" zusammen! Dass es sich bei diesem Stück um den Schlusschoral aus der Kantate „Herz und Mund und Tat und Leben" handelt und dass dieser Choral natürlicherweise auch einen Text hat, habe ich erst später erfahren.
Die Allgegenwart dieser Musik und die offenbare Beliebigkeit der jeweiligen Besetzung ärgert natürlich die Bach-Experten. Von dem „ungehemmten Verschleiß eines Favoritstückes" kann man dann reden (Hans-Joachim Schulze). Ich bin da nicht so kritisch. Ich spitze noch immer die Ohren, wenn diese Musik, in welcher Besetzung auch immer, ertönt.

Aber, nachdem ich die Kantate BWV 147 kennengelernt und häufiger gehört habe, merke ich, dass es mir keine Aufführung oder Einspielung so ganz recht machen kann. Wie das bei Lieblingsstücken oft so ist. Zwei Mal kommt dieser Choral in der Kantate vor, jeweils als Abschluss des ersten und des zweiten Teils. In identischer Komposition, aber mit unterschiedlichem Text. Nikolas Harnoncourt will, in seiner Einspielung der Kantate bei der „Teldec", jedem auch nur leisen Anflug von Sentimenalität entgehen und nimmt den Choral, nach meinem Gefühl, viel zu schnell. Die Melodie kann sich in mir gar nicht recht entfalten. Bei der Wiederholung im zweiten Teil ist es etwas besser geworden, oder aber, ich habe mich an diesen Stil gewöhnt. Jan Pieter Leusink hält, in seiner „Brilliant"-Einspielung, das richtige Tempo. Aber er hebt einzelne Schlüsselwörter des Textes, wie „krank" und „traurig" fast dramatisch heraus. Ein Choral aber ist keine Arie; der Gemeinde muss der Raum bleiben, sich ihre eigenen Gedanken zu machen. Helmuth Rilling schließlich (bei „master music") lässt die Orchesterbegleitung so stark werden, dass der vierstimmige Chorsatz des Chorals fast untergeht. Ich merke schon: Ich könnte fortfahren und würde an jeder Aufführung etwas zu kritisieren finden. Es ist das sicherste Anzeichen, dass ich ein Ideal dieses wundervollen musikalischen Einfalls Bachs im Hinterkopf habe, dem keine Aufführung ganz gerecht werden kann.

Dabei habe ich die Vermutung, dass Johann Sebastian Bach die Komposition dieser beiden Schlusschoräle „Wohl mir, dass ich Jesum habe" und „Jesus bleibet meine Freude" quasi in den Schoß gefallen ist. Wie das bei genialen Menschen so ist. „Ich suche nicht, ich finde", soll Picasso gesagt haben. Denn der Grundstock der Kantate BWV 147 geht offenbar auf eine Komposition zum 4. Advent 1716 zurück, die Bach zu einem Text von Salomon Franck in Weimar fertig gestellt hatte, die aber möglicherweise nie zur Aufführung kam. In Leipzig gehörte der 4. Advent zu den „geschlossenen Zeiten", an denen keine Kirchenmusik erklang. So nutzte Bach diese Komposition als Grundlage für seine Kantate zum Fest „Mariae Heimsuchung" schon bald nach seinem Amtsantritt im Jahre 1723. Komponierte rasch, setze ich einmal voraus, mit Hilfe eines uns unbekannten Librettisten neue Rezitative, die den Lobgesang der Maria, das „Magnificat", in die Kantate hineinbrachte. Dass daraus ein ziemliches Gemisch von Verweisen auf Johannes den Täufer (4. Advent) und Maria (Mariae Heimsuchung) geworden ist, wird den heutigen Hörer der Kantate kaum weiter interessieren. Aber, wenn meine Vermutung richtig ist: Fast im Vorübergehen komponiert Bach Ende Juni 1723 den Schluss des ersten und des zweiten Teils der Kantate neu. Und schafft damit eine Musik, die sich tief in die emotionale Erinnerung vieler Menschen, nicht nur in Europa, eingegraben hat.

Es überrascht mich, dass im Leipzig des 18. Jahrhunderts noch immer eine Reihe von Marienfesten in den lutherischen Kirchen gefeiert wurde. Von den vielen Marienfeiertagen des späten Mittelalters waren nach der Reformation Mariae Reinigung (2. Februar), Mariae Verkündigung (25. März) und Mariae Heinsuchung (2. Juli) übrig geblieben. Für alle drei Marienfeste hat Bach auch Kantaten geschrieben. Luther hatte sich gegen die vielen Jahrestage der Heiligen vor allem deswegen gewandt, weil sie längst zu einem „Spott" geworden seien. „Womit Gott höchlich erzürnet wird, und sie nur auf Geld, Fressen und Saufen gerichtet sind" („An den christlichen Adel deutscher Nation", 1520).

## Erster Teil

### 1 Chor
Herz und Mund und Tat und Leben / Muß von Christo Zeugnis geben / Ohne Furcht und Heuchelei, / Daß er Gott und Heiland sei.

### 2 Rezitativ
Gebenedeiter Mund! / Maria macht ihr Innerstes der Seelen / Durch Dank und Rühmen kund; / Sie fänget bei sich an, / Des Heilands Wunder zu erzählen, / Was er an ihr als seiner Magd getan. / O menschliches Geschlecht, / Des Satans und der Sünden Knecht, / Du bist befreit / Durch Christi tröstendes Erscheinen / Von dieser Last und Dienstbarkeit! / Jedoch dein Mund und dein verstockt Gemüte / Verschweigt, verleugnet solche Güte; / Doch wisse, daß dich nach der Schrift / ein allzu scharfes Urteil trifft!

### 3 Arie
Schäme dich, o Seele, nicht, / Deinen Heiland zu bekennen, / Soll er dich die seine nennen / Vor des Vaters Angesicht! / Doch wer ihn auf dieser Erden / Zu verleugnen sich nicht scheut, / Soll von ihm verleugnet werden. / Wenn er kommt zur Herrlichkeit.

### 4 Rezitativ
Verstockung kann Gewaltige verblenden, / Bis sie des Höchsten Arm vom Stuhle stößt; / Doch dieser Arm erhebt, / Obschon vor ihm der Erde Kreis erbebt, / Hingegen die Elenden, / So er erlöst. / O hochbeglückte Christen, / Auf, machet euch bereit, / Itzt ist die angenehme Zeit, / Itzt ist der Tag des Heils: der Heiland heißt / Euch Leib und Geist / Mit Glaubensgaben rüsten, / Auf, ruft zu ihm in brünstigem Verlangen, / Um ihn im Glauben zu empfangen!

### 5 Arie
Bereite dir, Jesu, noch itzo die Bahn, / Mein Heiland erwähle / Die gläubende Seele / Und siehe mit Augen der Gnade mich an!

### 6 Choral
Wohl mir, daß ich Jesum habe, / O wie feste halt ich ihn, / Daß er mir mein Herze labe, / Wenn ich krank und traurig bin. / Jesum hab ich, der mich liebet / Und sich mir zu eigen gibet; / Ach, drum laß ich Jesum nicht, / Wenn mir gleich mein Herze bricht.

## Zweiter Teil

### 7 Arie
Hilf, Jesu, hilf, dass ich auch dich bekenne / In Wohl und Weh, in Freud und Leid, / Daß ich dich meinen Heiland nenne / Im Glauben und Gelassenheit, / Daß stets mein Herz von deiner Liebe brenne.

**8 Rezitativ**
Der höchsten Allmacht Wunderhand / Wirkt im Verborgenen der Erden. / Johannes muß mit Geist erfüllet werden, / Ihn zieht der Liebe Band / Bereits in seiner Mutter Leibe, / Daß er den Heiland kennt, / Ob er ihn gleich noch nicht / Mit seinem Munde nennt, / Er wird bewegt, er hüpft und springet, / Indem Elisabeth das Wunderwerk ausspricht, / Indem Mariä Mund der Lippen Opfer bringet. / Wenn ihr, o Gläubige, des Fleisches Schwachheit merkt, / Wenn euer Herz in Liebe brennet, / Und doch der Mund den Heiland nicht bekennet, / Gott ist es, der euch kräftig stärkt, / Er will in euch des Geistes Kraft erregen, / Ja Dank und Preis auf eure Zunge legen.

**9 Arie**
Ich will von Jesu Wundern singen / Und ihm der Lippen Opfer bringen, / Er wird nach seiner Liebe Bund / Das schwache Fleisch, den irdischen Mund / Durch heilges Feuer kräftig zwingen.

**10 Choral**
Jesus bleibet meine Freude, / Meines Herzens Trost und Saft, / Jesus wehret allem Leide, / Er ist meines Lebens Kraft, / Meiner Augen Lust und Sonne, / Meiner Seele Schatz und Wonne; / Darum laß ich Jesum nicht / Aus dem Herzen und Gesicht.

„Aller Heiligen Fest sollte ab sein." Allenfalls am kommenden Sonntag könnte man den Heiligen, wenn man aus seinem Leben etwas lernen könne, erwähnen. Mit den Marienfesten ging Luther anders um. „Das Fest Purificationis und Annunciationis Mariae ließ ich bleiben" („Von der Ordnung des Gottesdienstes in der Gemeinde", 1523). Auch andere Marienfeste hat er noch viele Jahre gefeiert. Maria war für Luther wichtig. Sie war für ihn nicht die Himmelskönigin und himmlische Fürbitterin, die die katholische Marienverehrug immer deutlicher herausstellte. Maria war für Luther, wie er in seinen Weihnachtspredigten in drastischer Beschreibung schilderte, die lebendigste Anschauung dessen, dass Gottes Sohn in Christus wirklich Mensch geworden ist. „Nu weiß man wohl, was gebären sei und wie es zugeht. Es ist ihr eben geschehen wie andern Weibern, mit guter Vernunft und mit Zutun ihrer Gliedmaß, wie sich zu der Geburt ziemet. Auf dass sie sein rechte natürlich Mutter, und er ihr rechter natürlicher Sohn wäre" (Predigt über Lukas 2, 1 – 14).

Inzwischen war die Marienverehrung zum Scheidezeichen der Konfessionen geworden. Das Tridentinische Konzil (1545-63) hatte die Gegenreformation unter das Banner der Maria gesetzt. Ein Akt überlegenen protestantischen Selbstbewusstseins scheint es mir zu sein, dass im sächsischen Luthertum die Marienfeste noch immer im Schwange waren und die Musik Bachs sie durch festliche Kantaten noch heraushob. Biblisch verankert waren alle drei Marienfeste, und das Fest „Mariae Heimsuchung", an dem Bach seine Kantate BWV 147 aufführte, ganz besonders. Von der Erzählung über den Besuch der schwangeren Maria bei ihrer ebenfalls schwangeren Verwandten Elisabeth, der Mutter Johannes des Täufers, und dem darauf folgenden Lobgesang („Magnificat") in Lukas 1, 39–56, ist in dem Text der Kantate allerdings nur wenig übrig geblieben. Der Inhalt des „Magnificat" als Dank und Lobpreis der Maria für Gottes Wundertaten an ihr wird im ersten Rezitativ kurz zusammengefasst. Und im Rezitativ des zweiten Teils lässt sich der Librettist das „Hüpfen und Springen" des Johanneskindes in seinem Mutterleib bei der Begegnung mit seinem späteren Herrn und Meister nicht entgehen. Bach illustriert das Hüpfen und Springen auch durch Staccato-Figuren der Oboen da caccia und der Continuo-Begleitung; aber die geraten ihm bei weitem nicht so eindrucksvoll wie in der Bassarie der Kantate BWV 121 über „Johannis freudevolles Springen". Auch das deutet auf eine eher flüchtige Komposition der Rezitative dieser Kantate. Die Doppelbödigkeit dieses hintergründigen Marienfestes zur „Heimsuchung Mariae" (wie auch im Lateinischen: „Visitatio Mariae") bleibt auch hier unaufgelöst. Wer „sucht" hier eigentlich wen „heim", wer „visitiert" wen? Die Maria die Elisabeth in einer judäischen Stadt, bei der sie dann drei Monate bleibt? Oder die Elisabeth die Maria, indem sie den künftigen Heiland der Welt erkennt, den Maria in ihrem Bauch trägt?

Alle genrehaften Züge dieser wunderbaren Erzählung, wie sie etwa der Franzose Jacques Daret im 15. Jahrhundert in seinem Gemälde über die „Heimsuchung Mariae" mit dem wechselseitigen Betasten der Bäuche durch die beiden schwangeren Frauen schildert (in der „Gemäldegalerie Berlin"), sind der Kantate Bachs fremd. Maria wird zum Urbild des dankbaren Bekenntnisses zu Christus. Und hier zeigt sich, in der Urform des Textes von Salomon Franck, die überlegene schriftstellerische Fähigkeit dieses Mannes. Um ein ganzheitliches Bekenntnis zu Christus geht es ihm, mit Leib und Seele und Geist. Er weiß, dass die Dichtung Konkretion verlangt. Und so erfindet er die präzise Formulierung des Eingangschores, die sich dann auch die Thomaner über ihren Jubiläumsfilm im Jahre 2012 gesetzt haben. „Herz und Mund und Tat und Leben / Muß von Christo Zeugnis geben". Bach inspiriert dieser Text, schon im Jahr 1716, zu einer Musik, die an Lebendigkeit kaum zu überbieten ist. Mit einer, von Trompeten geleiteten, festlichen Instrumentalmusik beginnt der Satz. Dann setzt der Chor, beginnend mit den Oberstimmen, mit einer Fuge ein, die den zentralen

Eingangssatz ständig wiederholt und, gedankenleitend, den Eingangschor dominiert. Der ruhige Mittelsatz ist kurz, eine kleine Verschnaufpause, und dann geht es wieder hinein in das Bekenntnis mit „Herz und Mund und Tat und Leben". Ein instrumentales Nachspiel erlaubt noch einmal einen Blick zurück. Hineingerissen wird man von dieser Musik zu einem Christuszeugnis, dass dieser, der kommen soll, nun wirklich „Gott und Heiland" sei.

Wie anders, nicht nur im musikalischen Duktus, auch in der Ausrichtung und Stimmung des Glaubens sind die beiden Schlusschoräle! Ob es der Abstand der Jahre in der Komposition ist oder die innere Verarbeitung des Gedankengangs der Kantate? Aufbruch dort, hier Ankommen. Herausforderung zum Bekenntnis dort, hier die Gewissheit des Glaubens und die Freude in Gott. In einem 9/8-Takt umspielt der Instrumentalchor die Choralmelodie, die im 3/4-Takt steht. Das ist wie eine Einbettung in eine unumstößliche Gewissheit. In einem schlichten vierstimmigen Satz singt der Chor, und er singt die Strophen 6 und 16 des Liedes „Jesu, meiner Seelen Wonne" von Martin Jan (1661), das leider nicht mehr in unseren Gesangbüchern steht. Nur die Melodie des Liedes „Du großer Schmerzensmann" (EG 87) kennen wir heute noch von ihm. Jan war abwechselnd Kantor und Pfarrer und wurde aus seinem Pfarramt in Eckersdorf durch die Gegenreformation vertrieben. Da war es gut, dass er noch einen zweiten Beruf hatte.

Martin Jan dichtet Verse in einer schlichten Frömmigkeit, die ich unmittelbar nachempfinden und auch nachsprechen kann. „Wohl mir, dass ich Jesum habe, / O wie feste halt ich ihn, / Daß er mir mein Herze labe, / Wenn ich krank und traurig bin". Zuversicht auch in dunklen Zeiten spricht sich darin aus. Lobgesänge mitten in der Nacht. Ich stelle mir vor, das muss Bach unmittelbar ergriffen und zu der Einordnung der schlichten Choralmelodie Martin Jans in diese fröhlich stimmende Instrumentalbegleitung geführt haben. Nahezu zwingend endet die Kantate mit einem hoffnungsfrohen Ausblick. „Jesus bleibet meine Freude, / meines Herzens Trost und Saft".

Freude verändert meine Erfahrung der Welt und auch der Zeit. Sicher, ich kann mich auch „über" etwas freuen. Wenn ich etwas Wichtiges verloren habe und es wieder finde, bin ich glücklich. Aber diese Freude mündet schnell wieder in die Normalität des Lebens. Freude reicht tiefer. Der Erfahrung eines Kindes ist sie vergleichbar, das ausruft: „Ich freue mich ja so, ich weiß gar nicht, über was!" Die Wunder der Welt sind zu entdecken. Dass die Sonne an jedem Morgen aufgeht, die Tage sind unendlich lang und morgen ist wieder ein Tag voller Abenteuer. Freude stammt aus der Bejahung des Lebens und aus der Erfahrung der Liebe, die einen umgibt.

Freude ist auch ein Schlüsselwort des christlichen Glaubens. Wie nahezu aller Religionen. In der Bibel kommt das Wort „Freude" oder „freuen" beinahe auf jeder zweiten Seite vor. Als eine „Frucht des Geistes" bezeichnet Paulus die Freude, zusammen mit vielem Anderen, wie der Liebe, der Güte, der Geduld (Galater 5, 22f). Damit will der Apostel doch offenbar sagen: In der Begegnung mit Jesus öffnet sich ein weiter und neuer Horizont. Der Gott kommt mir entgegen, der ein Liebhaber des Lebens ist. Das Leben ist kostbar, wird mir ins Herz geschrieben. Jeder Augenblick zählt. Keinem darf die Zukunft verbaut werden. Gerade die Armen und Verzweifelten sind die ersten Adressaten des Evangeliums. Gott freut sich an Augenblicken des gelingenden Lebens. Aber auch die verlorenen Kinder schließt er in seine Arme. Diese Freude steckt an. Sie wird bleiben. Ich habe immer wieder einmal unter Tränen und doch in dem Wissen, dass es wahr ist, an den Gräbern eines meiner Lieblingslieder gesungen: „In dir ist Freude in allem Leide". Gelegentlich muss diese Freude auch heraus, und das „Hüpfen und Springen" des Johannesknaben im Bauch seiner Mutter ist ein Urbild dieser Freude.

Der buddhistische Mönch und Friedensaktivist des Vietnamkrieges, Thich Nhat Hanh, der im Exil in Südfrankreich eine eindrucksvolle Klostergemeinschaft gründete, hat immer wieder die Aufmerksamkeit gerade der abendländischen Menschen auf die „Achtsamkeit" zu lenken versucht. „Das Wunder ist nicht, auf dem Wasser zu wandeln, sondern auf der Erde zu gehen", hat er gesagt. Die Aufmerksamkeit für die Gotteserfahrungen des Lebens und für die Menschen, die mir begegnen, wird in der Hektik des täglichen Lebens so schnell zugeschüttet. Die Botschaft des Evangeliums versucht, sie freizuschaufeln. Mit dem Ja zum Leben, so wie es ist, auch in seiner Endlichkeit, kommt die Freude, die das Leben lohnt.

„Jesus bleibet meine Freude, / Meines Herzens Trost und Saft". Gegen die Banalisierung der wunderbaren Musik dieser beiden Schlussstücke durch ihren häufigen Gebrauch hilft nur, die Worte des Chorals mitzuhören. Denn die Musik spielt dem Hörer die Freude am Leben zu, deren Ursprung der Choral benennt. Nur in dieser Zusammengehörigkeit von Wort und Ton, merke ich immer wieder, wird der Schlusschoral der Kantate BWV 147 in seiner vollen Schönheit sichtbar.

# Von der Stadt Gottes

**Kantate BWV 29 „Wir danken dir, Gott, wir danken dir"**
**CD: Eingangschor „Wir danken dir, Gott, wir danken dir"** 2.11 Min.

Das wird ein Auftrieb gewesen sein! Am Bartholomäustag, das war in jedem Jahr der 24. August, vollzog sich in Leipzig die „Ratswahl". Aus drei Bürgermeistern, zwei stellvertretenden Bürgermeistern und zehn Assessoren bestand der auf Lebenszeit gewählte engere Rat der Stadt. Es ging bei der „Ratswahl" also nur um einen internen Wahlvorgang. Wer sollte als Bürgermeister den Vorsitz führen? Der eine „sitzende" und die zwei „ruhenden Räte" waren zu bestimmen. Nach dem Bartholomäustag bestellt der Stadtschreiber „bey dem Herrn Superintendenten D. Deyling die Predigt zu Aufführung eines Neuen Raths, auf nechstkünfftigen Montag". Und, man höre und staune, der „Thürknecht" orderte die Musik bei dem „Herrn Cantor". Der Superintendent gab den Auftrag zur Predigt an den „Montagsprediger" weiter. „Montagsprediger an St. Nikolai" war von 1708 bis 1737 Friedrich Wilhelm Schütz. Schütz liebte es, in seinen wöchentlichen Montagspredigten ganze Kapitel eines biblischen Buches durchzupredigen. So predigte er bei der Ratswahl gerne über das lutherische Standardkapitel zur „Obrigkeit", Römer 13.

Am 27. August 1731 fand nun also wieder einmal frühmorgens in der Nikolaikirche der Gottesdienst zur Ratswahl statt. Der neugebildete Rat unter Bürgermeister Gottfried Lange war „aufzuführen". Schütz predigte über Römer 13, 4: „Denn die Obrigkeit ist Gottes Dienerin, dir zugut". Und Bach musizierte die Kantate „Wir danken dir, Gott, wir danken dir". Bei dem großen Repräsentationsbedürfnis des Rates hatte dieser sicherlich aus diesem Anlass die halbe Stadt mobilisiert.

Ich kann mir vorstellen, dass Bach diesem Tag mit zwiespältigen Gefühlen entgegensah. Ein Jahr vorher, am 28. Oktober 1730, hatte Bach in einem Brief an seinen Jugendfreund Georg Erdmann, mit dem er als Fünfzehnjähriger von Ohrdruf nach Lüneburg in das Michaeliskloster gepilgert war, seiner Stimmung einen sehr deutlichen Ausdruck gegeben. Er schien bei sich zu überlegen, ob seine Entscheidung für Leipzig wirklich richtig gewesen war. Die Vergütung sei bei weitem nicht so gut, wie sie ihm beschrieben wurde. Der Ort sei teuer. Die zusätzlichen Einnahmen seien durch die sich ständig verändernde Zahl der

## Wir danken dir, Gott, wir danken dir BWV 29

**1 Sinfonia**

**2 Chor**
Wir danken dir, Gott, wir danken dir, und verkündigen deine Wunder.

**3 Arie**
Halleluja, Stärk und Macht / Sei des Allerhöchsten Namen! / Zion ist noch seine Stadt, / Da er seine Wohnung hat, / Da er noch bei unserm Samen / An der Väter Bund gedacht.

**4 Rezitativ**
Gottlob! es geht uns wohl! / Gott ist noch unsre Zuversicht, / Sein Schutz, sein Trost und Licht / Beschirmt die Stadt und die Paläste, / Sein Flügel hält die Mauern feste. / Er läßt uns allerorten segnen, / Der Treue, die den Frieden küßt, / Muß für und für Gerechtigkeit begegnen. / Wo ist ein solches Volk wie wir, / Dem Gott so nah und gnädig ist!

**5 Arie**
Gedenk an uns mit deiner Liebe, / Schleuß uns in dein Erbarmen ein! / Segne die, so uns regieren, / Die uns leiten, schützen, führen, / Segne, die gehorsam sein!

**6 Rezitativ**
Vergiß uns ferner nicht, mit deiner Hand / Uns Gutes zu erweisen; / So soll / Dich unsre Stadt und unser Land, / Das deiner Ehre voll, / Mit Opfern und mit Danken preisen, / Und alles Volk soll sagen: Amen!

**7 Arie**
Halleluja, Stärk und Macht / Sei des Allerhöchsten Namen!

**8 Choral**
Sei Lob und Preis mit Ehren / Gott Vater, Sohn, heiligem Geist, / Der woll in uns vermehren, / Was er uns aus Gnaden verheißt, / Daß wir ihm fest vertrauen, / Gänzlich verlassn auf ihn, / Von Herzen auf ihn bauen, / Daß unsr Herz, Mut und Sinn / Ihm tröstlich solln anhangen; / Drauf singen wir zur Stund, / Amen, wir werdens erlangen, / Glauben wir aus Herzens Grund.

Kasualien sehr schwankend. Dazu habe er es mit „einer wunderlichen und der Music wenig ergebenen Obrigkeit" zu tun, müsse „mithin fast in stetem Verdruß, Neid und Verfolgung" leben. Er sei also mithin genötigt, „mit des Höchsten Beystand meine Fortun anderweitig zu suchen". Fast sieht es in diesem Brief so aus, als habe Bach vor, sich um die möglicherweise bald freiwerde Stelle an St. Marien in Danzig – wo Erdmann lebte – zu bewerben. Da diese Stelle weit weniger attraktiv war als der Posten, den Bach in Leipzig innehatte, können solche Äußerungen nur als Ausdruck von Bachs tiefsitzendem Ärger, ja, seiner Kränkung als Folge der Missachtung seiner ganzen Arbeit gelten.

Zwei Monate vor diesem Brief hatte Bach sein Unbehagen in einer Denkschrift, die er als einen „kurtzen, iedoch höchstnöthigen Entwurff einer wohlbestallten Kirchen Music" bezeichnete, auch dem Rat der Stadt Leipzig zu Ohren gebracht. Er verlangte, um diese Vorlage kurz zusammenzufassen, eine bessere Ausstattung seines Orchesters (14 neue Stellen konnte man aus Bachs Forderungen herauslesen) und eine wesentlich bessere Bezahlung seiner Instrumentalisten. In allem erwarte er eine bessere, auch finanzielle Unterstützung, um den „neuen Arthen der Music" und den Ansprüchen, die man heute an die repräsentative Musik einer Stadt stelle, gerecht werden zu können.

Ein Jahr war seitdem vergangen. Der Rat war auf Bachs Forderungen nicht eingegangen, ja, er hatte auf diese nicht einmal reagiert. Und Bach ahnte wohl, dass er auf seine Eingabe nie eine Antwort erhalten würde. Zudem gab es im Rat, außer Bürgermeister Lange, der sich schon bei der Wahl für Bach eingesetzt hatte, kaum jemand, der die Bedeutung der Arbeit Bachs wirklich zu würdigen wusste. Einige Ratsmitglieder hätten lieber einen wackeren Musiklehrer an der Thomasschule auf dieser Stelle gesehen als einen Kantor, der ständig hochfliegende Pläne hatte. Dass eine Stadt die Bedeutung eines Mannes, der in ihren Mauern wirkte, erst nach Jahrhunderten erkennt und sich heute damit schmückt, ist keine Besonderheit von Leipzig. Man schaue nur, wie Hannover mit Leibniz oder Wien mit Mozart zu deren Lebzeiten umgegangen ist und wie man heute darüber redet und denkt.

Nun stand also wieder dieser Gottesdienst zur Ratswahl an, und Bach hatte seine Kantate dafür zu komponieren und in der politischen Öffentlichkeit zu Gehör zu bringen. Wenn man die Kantate „Wir danken dir, Herr, wir danken dir" hört und von dem ganzen Umfeld und von der Vorgeschichte keine Ahnung hat: von Bachs Verärgerung und Kränkung nicht die geringste Spur. Das gehört zu der Größe und Besonderheit dieses Mannes, dass seine persönliche Lebensgeschichte hinter seinem Auftrag und seiner Aufgabe nahezu verschwindet. Als ein gewisses Anzeichen von Müdigkeit könnte man ansehen, dass Bach in der einleitenden Sinfonia der Kantate sich auf eine Köthener Komposition von etwa 1720 bezieht. Das Präludium der Partita Nr. 3 in E-Dur (BWV 1006) ist ein virtuoses Glanzstück für jeden Geiger und suggeriert eine Mehrdimensionalität der Musik in der Linearität der Melodie. Den großen belgischen Geigenvirtuosen Eugène Ysaye (1858-1931) hatte dieses Stück zu einer eigenen Solosonate angeregt. Bach selbst hat das Präludium schon 1729 in einer Trauungskantate verarbeitet. Aber hier nun, in der Ratswahlkantate, setzt er ganz auf das Repräsentative. Wenn man die beiden Stücke, die Solopartita und die Sinfonia, nacheinander hört, glaubt man kaum, dass sie etwas miteinander zu tun haben. Der Violinpart wird in der rechten Hand von der Orgelstimme übernommen. Zum Orgelpart tritt aber nicht nur ein Generalbass hinzu, sondern ein gesamtes Streichorchester samt Oboen, drei Trompeten und Pauken. Das einstimmige Modell der Violinpartita wird zu einer großen Sinfonia entwickelt. Immer stärker entfaltet sich das Gerüst der Akkorde und der rhythmische Akzent des Werkes. Am Schluss dominiert der Orchestersatz derart stark, dass der Solopart der Orgel, aus dem doch das Werk entstanden ist, nur wie eine Arabeske erscheint. Selbst hier, in der Kunst der Bearbeitung eines älteren Stückes, zeigt sich die überlegene musikalische Intelligenz dieses Mannes.

Aber dann, mit dem ersten Ton des Eingangschores, erfolgt der Übergang in die Weite einer in den Himmel aufsteigenden Melodie. Langsame und feierliche Schritte nach vorne sind es, die der Chor in enger Kanonbildung anstimmt. Zugleich vollzieht sich eine ständige Verdichtung und ein unaufhörlicher Aufschwung, bis die Trompeten und Pauken hinzutreten und die Akkordfülle sich bis zur Sechsstimmigkeit erweitert und den Hörer in einen Taumel des musikalischen Klangs versetzt. Das ist ganz große Musik, das spürt man sofort. Der Dank für die Wunder Gottes kann nur überschwänglich sein. Bach hat diese seine Komposition auch nie aus den Augen verloren. Nicht nur bei den bezeugten Wiederholungen der Ratswahlkantate BWV 29 in den Jahren 1739 und 1749. Vor allem aber: Als am 1. Februar 1733 August der Starke, Kurfürst von Sachsen und König von Polen, stirbt und mit seinem Sohn und dessen Gattin besonders musikliebende Fürsten auf den Thron des Landes kommen, fasst Bach ins Auge, seine Kontakte zum Hof in Dresden zu intensivieren. Er widmet dem neuen Kurfürsten Friedrich August III. die beiden ersten Hauptteile einer neuen Messe, das Kyrie und das Gloria, und benutzt für den verwandten Text des „Gratias agimus tibi" die Musik des Eingangssatzes der Kantate „Wir danken dir, Herr, wir danken dir". In dieser Gestalt ist die Messe im Juli 1733 in der sächsischen Hauptstadt aufgeführt worden. Und als er 15 Jahre später die Kyrie-Gloria-Messe zu seiner „großen Messe" in h-Moll vervollständigt, da greift er noch einmal diese Komposition auf und beschließt mit dieser Musik im „Dona nobis pacem" das unerhörte Werk. Die Bitte um den Frieden, mit dem die Messe ihren Höhepunkt erreicht, hat mit der Identität der Musik im „Gratias agimus tibi" die

Gewissheit ihrer Erhörung schon vorweggenommen. Auch in den theologischen Bezügen ist das alles voller Hintersinn.

Mit der schwungvollen Tenorarie „Halleluja, Stärk und Macht" kommt in der Ratswahlkantate die Stadt ins Spiel und damit das Thema, um das es bei der Tätigkeit des Rates auch in diesem speziellen Gottesdienst geht. Eine biblische Verankerung und theologische Verbindungen zu der Alltagsarbeit eines leitenden städtischen Gremiums müssen gesucht und gefunden werden. Religiöse Bilder der Stadt haben ihre Entwicklung von Anfang an geleitet und begleitet. Was die Stadt in gegenwärtiger Erfahrung und in zukünftiger Bestimmung ist und sein soll, beschreibt die Bibel in eindrücklichen Geschichten. Weit spannt sich dieser Bogen. Vom Untergang der Städte Sodom und Gomorra wird erzählt, deren Bosheit bis in den Himmel reicht und deren Vernichtung sprichwörtlich geworden ist (1. Mose 18 und 19). Aber Sodom ist eine Stadt, in der es immerhin noch einige Gerechte gibt. Am Ende aller Zeit und Geschichte wird dann von der Ankunft einer neuen Stadt erzählt, die einen uralten Namen hat: Jerusalem. Es ist die Stadt, in der die Tore nie geschlossen sind. In der Gott selbst bei den Menschen wohnt, alle Tränen von den Augen der Menschen abwischt und Tod und Leid nicht mehr sein werden. Städte sind also, in den biblischen Hinweisen, nicht nur Orte der Hinterlist und der Gewalt, sondern auch Baustellen einer Entwicklung, die in die Zukunft weist. Und die Kirchen könnten die Interpreten und die Wegweiser aus der einen in die andere Richtung sein.

Ich höre noch einmal auf die Arien und Rezitative der Ratswahlkantate, die doch der Beitrag der Kirche zu diesem wichtigen Datum der Stadt Leipzig ist. Von Sodom und Gomorra, von den dunklen Seiten einer Stadt, die es sicher auch zur Bach-Zeit reichlich gab, ist da keine Spur. Nun gut, sage ich mir, ein Ratswechsel ist ein festlicher Anlass, und bei einer Geburtstagsrede wird man auch nicht den Jubilar verteufeln. Von den biblischen Bildern und Erzählungen greift der Kantatentext mit dem Stichwort „Zion" die Jerusalem-Tradition auf. Die Kantate tut, gerade bei diesem Anlass, gut daran. Eine Stadt lebt von ihrer Utopie. Sie lebt von der Überwindung von Gleichgültigkeit, Hass und Gewalt. Sie stärkt sich in der Verheißung des Neuen und in den Aufbrüchen in eine Zukunft, in der jeder und jede in Frieden und Gerechtigkeit leben kann. Leben in Fülle, das ist die angesagte Zukunft der Stadt. Mit dem Kommen Gottes ist sie im Bild des Neuen Jerusalem festgehalten. Immer neu muss diese ihre Zukunft in die Gegenwart hineingeholt, hineingebetet, hineingearbeitet werden.

Der Textdichter der Kantate findet für die Erwähnung der Jerusalem-Tradition eine Formulierung, die auf den ersten Blick als sachgerecht, geradezu als harmlos erscheint. Die mich aber, beim mehrfachen Hören, immer mehr erregt. „Zion ist noch seine Stadt / Da er seine Wohnung hat", singt der Tenor. Das bedeutet doch: Die kommende Stadt, das neue Jerusalem, ist in dieser Stadt schon Gegenwart! Selbstgefälligkeit macht sich breit. „Er läßt uns allerorten segnen", heißt es in dem folgenden Rezitativ. „Der Treue, die den Frieden küßt / Muß für und für / Gerechtigkeit begegnen". Treue, Gerechtigkeit, Frieden: Es ist alles da. Die Vereinnahmung der Gegenwart Gottes kennt keine Grenzen. Als könnte man den Segen Gottes in die Tasche stecken! „Wo ist ein solches Volk wie wir, / Dem Gott so nah und gnädig ist". Die verhängnisvolle Tradition, die die Sehnsucht und das Sichausstrecken nach der Gegenwart Gottes mit seiner selbstverständlichen Präsenz verwechselt, treibt heute im Fundamentalismus seine Blüten!

Höre ich das in die Kantate hinein oder ist es wirklich in ihr? Vielleicht kann man im Zeitalter des Absolutismus, der sicher auch im Stadtregiment seine radikal autoritären Züge hatte, nur schwer anders reden. Bei den weiteren Ratswahlkantaten aus der Leipziger Zeit, etwa in der Kantate BWV 119 „Preise, Jerusalem, den Herrn" ist das nicht anders. Wie Huldigungsadressen kommen mir diese Teile der Kantate vor, die von Übertreibungen leben. Das kritische Potential des christlichen Glaubens wird um einer geschönten Gegenwart willen verraten! Da ist von Seiten der Kirche nur noch Bestätigung und Trost, da ist kein Impuls zum Aufbruch mehr zu vernehmen. Fast wie eine Parodie einer demokratischen Zustimmung will es mir erscheinen, wenn der Alt im letzten Rezitativ der Kantate um Gottes weiteren Segen bittet, dabei nicht zu erwähnen vergisst, dass unser Land und unsere Stadt „deiner Ehre voll" ist, „und alles Volk soll sagen": Und dann der Chor mit seinem „Amen" die Zustimmung der Stadt simuliert.

Sicherlich bin ich mit meinen Urteilen unhistorisch, argumentiere ganz von unserer Gegenwart her. Aber hier geht es um die entscheidende Ortsbestimmung der Kirche und der christlichen Botschaft in einer Stadt. Tief atme ich auf und durch, als der Alt in seiner Arie „Halleluja, Stärk und Macht" sich wieder ganz dem Lobpreis Gottes zuwendet. Ist das die Flucht aus den Aufgaben einer kulturellen und sozialen Erneuerung der Stadt in einen ganz von der Transzendenz bestimmten Glauben? Ich erlebe es anders. Im abschließenden Choral „Sei Lob und Preis mit Ehren", der mit Pauken und Trompeten seine kräftige Bestätigung erhält, ist all das aufgehoben und weitergegeben, was zur Erneuerung der Kirche und der Stadt beitragen kann. „Der woll in uns vermehren, / Was er uns aus Gnaden verheißt": Da ist die Verheißung Gottes für das Leben der Menschen, auch in der Stadt, ins Auge gefasst und beim Wort genommen.

Und dann kann es geschehen, dass am Ende des 20. Jahrhunderts aus eben der St. Nikolaikirche in Leipzig, in der im 18. Jahrhundert an den Montagen nach Bartholomäus die Gottesdienste zur Ratswahl stattfanden, in den Montagsgebeten der 80er Jahre weitreichende Impulse zur Veränderung nicht nur dieser Stadt ausgehen. Die Friedensbewegung hat aus der Jerusalem-Tradition und den Montagsgebeten der Nikolaikirche Wegweisung und Unterstützung erfahren. „Denn von Zion wird Weisung ausgehen und des Herrn Wort von Jerusalem ... Da werden sie ihre Schwerter zu Pflugscharen und ihre Spieße zu Sicheln machen" (Jesaja 2, 3+4). Und die Akklamation der Menschen in einer Stadt vor der Vereinigung der beiden deutschen Staaten war keine befohlene oder vorgeschriebene: „Wir sind das Volk". Die Wege Gottes mit unseren Städten und mit unseren Ländern sind voller Überraschungen. Die Nikolaikirche in Leipzig weiß von der Zeit Johann Sebastian Bachs bis in die Gegenwart hinein darüber ein langes Lied zu singen.

# Von Alter und Jugend

**Kantate BWV 71 „Gott ist mein König"**
**CD: Arioso (Bass): „Tag und Nacht ist dein"** 2.53 Min.

Der Rat der „Freien Reichsstadt" Mühlhausen muss ein Gefühl für Qualität gehabt haben. Obwohl er den jungen Organisten an Divi Blasii nur knapp 12 Monate in der Stadt halten konnte, und obwohl man wahrscheinlich mit dessen Vorstellungen einer „regulierten kirchen music zu Gottes Ehren" (nämlich regelmäßigen Kantatenaufführungen in den Gottesdiensten) wenig anfangen konnte, stellte der Rat die Kränkung und Bestürzung über den allzu plötzlichen Abgang des Johann Sebastian Bach beiseite. Der Eindruck der Kantate „Gott ist mein König" beim Festgottesdienst zum Ratswechsel am 4. Februar 1708 in der Marienkirche (mit Wiederholung am folgenden Sonntag in der Blasiuskirche) muss überwältigend gewesen sein. Und obwohl sofort ein Nachfolger an der Blasiuskirche da war und es auch andere gute Musiker in der Stadt gab, vergab der Rat den Kompositionsauftrag für die Ratswechsel-Kantaten in den beiden nächsten Jahren an Bach in Weimar und bat ihn, die Leitung der Aufführungen wieder selbst zu übernehmen. Leider sind die „Raths-Stücke" der Jahre 1709 und 1710 verschollen, obwohl auch sie – wie die Kantate von 1708 – gedruckt worden sind. Vielleicht tauchen sie eines Tages in irgendeinem Archiv wieder auf.

Die heutigen Bach-Interpreten gehen mit der Ratswechselkantate von Mühlhausen kritischer um. Rückwärtsgewandt seien Textvorlage und Komposition, möglicherweise orientiert an den berühmten festlichen „Abendmusiken", die Bach vor zwei Jahren bei seinem Besuch in Lübeck bei Dietrich Buxtehude kennen gelernt hatte. Kleingliedrigkeit, eine Fortführung der „Geistlichen Konzerte" eines Heinrich Schütz kennzeichne die Kantate. Keine Rede von den moderneren Formen der Rezitative und Arien. Also eher ein „krönender Abschluss der Entwicklung des 17. Jahrhunderts" (Hans-Joachim Schulze) als ein Vorläufer der kommenden Musik. Nur versteckt, etwa in den Versuchen zur „großen Form" des Schlusschores, melde sich Neues an (Alfred Dürr). Dem könnte man rundherum zustimmen, wenn nicht, beim Lesen dieser Analysen, insgeheim der Eindruck sich vermittelt, als habe das Fortschrittspathos auch die Musik und deren Beurteilung erfasst und als seien die späteren Bach-Kantaten der „eigentliche Bach". Ich halte die Ratswechselkantate von Mühlhausen, mit dem Rat der Stadt, für

## Gott ist mein König

BWV 71

**1 Chor**
Gott ist mein König von altersher, der alle Hilfe tut, die auf Erden geschiht.

**2 Arie**
Ich bin nun achtzig Jahr, / Warum soll dein Knecht sich mehr beschweren? / Ich will umkehren, / Daß ich sterbe in meiner Stadt, / Bei meines Vaters und meiner Mutter Grab, / Soll ich auf dieser Welt / Mein Leben höher bringen, / Durch manchen sauren Tritt / Hindurch ins Alter dringen, / So gib Geduld, für Sünd / und Schanden mich bewahr, / Auf daß ich tragen mag / Mit Ehren graues Haar.

**3 Chor**
Dein Alter sei wie deine Jugend, und Gott ist mir dir in allem, das du tust.

**4 Arioso**
Tag und Nacht ist dein. Du machest, daß beide, Sonn und Gestirn, ihren gewissen Lauf haben. Du setzest einem jeglichen Lande seine Grenze.

**5 Arie**
Durch mächtige Kraft / Erhältst du unsre Grenzen, / Hier muß der Friede glänzen, / Wenn Mond und Kriegessturm / Sich allerort erhebt. / Wenn Kron und Zepter bebt, / Hast du das Heil geschafft / Durch mächtige Kraft!

**6 Chor**
Du wollest dem Feinde nicht geben die Seele deiner Turteltauben.

**7 Chor**
Das neue Regiment / Auf jeglichen Wegen / Bekröne mit Segen! / Friede, Ruh und Wohlergehen / Müsse stets zur Seite stehen / Dem neuen Regiment. / Glück, Heil und großer Sieg / Muß täglich von neuen / Dich, Joseph, erfreuen, / Daß an allen Orten und Landen / Ganz beständig sei vorhanden / Glück, Heil und großer Sieg!

eine großartige Musik! Und will gestehen, dass „Gott ist mein König" seit langem eine meiner Lieblingskantaten ist.

Dazu kommt ein unschätzbarer Vorteil dieser Kantate. Die Textvorlage – man vermutet, dass der spätere Bach-Freund und Marienkirchenpfarrer Georg Christian Eilmar sie geliefert hat – besteht weithin aus biblischen Zitaten. Daran kann man nun längere Überlegungen anschließen über die Schwierigkeiten der Zeitgenossenschaft der Sprache und des Denkens. Es ist doch keine Frage, dass viele biblische Texte, die mehr als 2000 Jahre älter sind als die Dichtungen der barocken Schriftsteller in den späteren Bach-Kantaten, einem Hörer des 21. Jahrhunderts viel näher sind und als viel moderner erscheinen als jene. Nur selten tauchen in den Rezitativen und Arien der Weimarer oder Leipziger Zeit Formulierungen auf, die sich sofort einprägen. Es mag sein, dass die biblischen Texte durch die langen Prozesse einer mündlichen Weitergabe und, natürlich, durch unsere häufigere Beschäftigung mit ihnen an Überzeugungskraft gewonnen haben. Aber ich merke, wie ich befreit durchatme, wenn mich bei einer Bach-Kantate die Textvorlage weitgehend überzeugt.

Bach überfällt seine Hörer geradezu mit der entscheidenden Aussage seiner Kantate. „Gott – Gott – Gott ist mein König". Sieben Klanggruppen sind beim Eingang und beim Schluss der Kantate beteiligt, vier Instrumental-, zwei Vokalgruppen und die Orgel. Nicht nur die Mehrchörigkeit der „Abendmusiken" Buxtehudes von den verschiedenen Emporen in St. Marien, Lübeck, auch die Technik der „Cori spezzati" des Giovanni Gabrieli mit ihrer Aufteilung von den beiden gegenüberliegenden Emporen in San Marco Venedig taucht in meiner Vorstellung auf. Mehrfach wird, im Tutti, das Wort „Gott" in den Raum gestellt. Die Apposition „ist mein König" schließt sich völlig natürlich an. Ehe dann, im Wechsel der Stimmungen und der Chorgruppen, die zeitliche Dimension „von alters her" sich anfügt. Mit Orgelbegleitung verweisen die Solisten in einer Fuge auf „alle Hilfe", die von Gott her „auf Erden geschiht". Der Eingang des Satzes wird wiederholt, und dann praktiziert Bach im ersten und im letzten Satz die verschwebenden Schlüsse, die das Gottesbekenntnis noch einmal im Inneren nachklingen lassen.

„Gott" ist mein König. Ich kann diesen Satz nur herrschaftskritisch hören. Mühlhausen, nach Erfurt die zweitgrößte Stadt Thüringens, als „Freie Reichsstadt" in ihrer geschichtlichen Bedeutung mit Hamburg oder Lübeck vergleichbar, fehlt es nicht an Selbstbewusstsein. Der Kaiser in Wien ist weit weg, dem die Stadt unmittelbar untersteht. Aber der streitbare Joseph I. hatte mit Siegen im Spanischen Erbfolgekrieg und in Italien, mit der Reichsacht gegen die Kurfürsten von Köln und Bayern (1706) gerade die kaiserliche Dominanz wieder hergestellt. Ich kann mir nicht vorstellen, dass diese Entwicklung dem Rat von Mühlhausen gefallen hätte. Und da bekommt er im Festgottesdienst zum Ratswechsel zu hören – und vielleicht erklärt sich seine Begeisterung für die Kantate auch aus dieser Aussage: Gott ist mein König! Niemand sonst. Und im Schlusschor schlägt die Kantate einen nahezu jovialen Umgangston mit dem Kaiser an. „Glück, Heil und großer Sieg / Muß täglich von neuen / Dich, Joseph, erfreuen". Man kann diese Passage auch mit einem ironischen Unterton hören. Ich kann mir nicht denken, dass Joseph I., Kaiser des „Heiligen Römischen Reiches", die Kantate von Mühlhausen erfreut hätte. Ich habe mein Vergnügen daran. Und wenn es hart auf hart gekommen wäre, dann hätten die Mühlhauser sicher geantwortet: „Aber Kaiserliche Hoheit, der Satz „Gott ist mein König" steht doch in der Bibel (Psalm 74, 12)! Wollen Ihre Hoheit die Autorität der Bibel in Frage stellen?" In autoritären Zeiten ist Doppeldeutigkeit gefragt.

Dann springt auf einmal der Text und die Komposition der Kantate auf ein völlig anderes Thema. „Ich bin nun achtzig Jahr, / Warum soll dein Knecht sich mehr beschweren?", singt der Tenor in einer schlichten, eindringlichen Arie, nur begleitet von Orgel und Violoncello. Auch diese Stelle ist ein Bibelzitat, und der alttestamentliche Bericht in zweite Samuel 19, 32-41 handelt von dem Gileaditer Barsillai, den König David auffordert, mit ihm über den Jordan nach Jerusalem zu ziehen. Barsillai verweist auf sein hohes Alter und schildert eindrücklich die Beschwerden dieser späten Lebensjahre. „Wie kann ich noch unterscheiden, was gut und schlecht ist, oder schmecken, was ich esse und trinke, oder hören, was die Sänger und Sängerinnen singen? Warum sollte dein Knecht meinen Herrn, den König, noch beschweren?" (2. Samuel 19, 36). David nimmt daraufhin den Knecht des Barsillai mit sich nach Jerusalem. Während der Tenor in der Bach-Arie einzelne Verse aus dieser Begegnungsgeschichte singt, die das Sterben und den baldigen Tod nicht aussparen, begleitet der Sopran diese Weigerung des Barsillai mit der Strophe eines Chorals von Johann Heerman, die die Bitte um die Begleitung Gottes bis ins hohe Alter hinein formuliert. „Auf daß ich tragen mag / Mit Ehren graues Haar". In einer kunstvollen Fuge, die nur sparsam von der Orgel unterstützt wird, singt der Solochor der Concertisten den schönen Spruch aus dem 5. Buch Mose, den ich oft bei den Jubiläen älterer Amtskollegen zitiert habe: „Das Alter sei wie deine Jugend, und Gott ist mit dir in allem, was du tust" (5. Mose 33, 25 und 1. Mose 21, 22). Aber wie kommt es zu diesem radikalen Themenwechsel von „Gott ist mein König" zu „Dein Alter sei wie deine Jugend"?

Während ich noch überlege, ob sich der Themenübergang auf den „alten, abgehenden Rat" und den „neuen, angehenden Rat" beziehen ließe (aber auch in Mühlhausen war die Ratswahl nur ein interner Wechsel der auf Lebenszeit gewählten Ratsherren), lese ich bei Hans-Joachim Schulze, der sich intensiv mit der Stadtgeschichte Mühlhausens beschäftigt hat, dass der Themenwechsel vermutlich einen einfachen Hintergrund hatte. Die beiden neugewählten Bürgermeister, die auch auf der Titelseite der gedruckten Bach-Kantate erschienen, hatten eine höchst unterschiedliche Amtserfahrung. Der Fleischermeister Steinbach war erstmals in die wichtige Aufgabe eines Bürgermeisters gelangt. Sein Kollege, Adolf Strecker, hatte in seiner langen Zugehörigkeit zum Rat dieses

Amt schon mehrfach inne. Vor allem aber: Strecker stand bei der Ratswahl kurz vor seinem 84. Geburtstag. Drei Monate später starb er. Seinen Lebensweg nimmt die Kantate sozusagen vorweg. „Ich bin nun achtzig Jahr, / Warum soll dein Knecht sich noch beschweren?"

Eine Wegweisung für das Alter sind diese mittleren Sätze der Kantate. „Dein Alter sei wie deine Jugend": Darüber, dass das Alter nicht einfach wie die Jugend sei, hat uns schon die Antwort des alten Barsillai an König David belehrt. Man schaut in den Spiegel. Die Falten im Gesicht sind nicht zu übersehen. Das Haar wird weniger. Der krumme Rücken. Alles dauert länger, macht schneller müde. Manchmal schläft man abends auf dem Sofa ein. Immer mehr Krankheiten stellen sich ein, die Arztbesuche sind die sichersten Termine mancher Tage. Die Kurve des Lebens verläuft abwärts. Und die wichtigste Aufgabe des Alters könnte werden, alles was kommt zu akzeptieren.

Ein alter Mann, der sich wie ein Jugendlicher gibt und benimmt, ist ein Fant. So hat man früher gesagt. Aber es gibt eine Gemeinsamkeit zwischen Alter und Jugend, und die singt uns Bach mit den Arien seiner Kantate ins Herz. Was ein Mensch ist und wird, bestimmt sich nicht aus ihm allein. Sein Umfeld hat ihn, noch ehe er geboren wurde, geprägt. Ob er lang ersehnt worden ist oder unerwünscht, ob er von Liebe und Aufmerksamkeit umgeben ist oder in der Familie, in der Schule, auf der Straße übersehen wird, das prägt ein Leben bis ins Alter. Der Wunsch „Dein Alter sei wie deine Jugend" setzt das voraus, was man eine „glückliche Kindheit" nennt. Das Kind gehört hinein in die Welt einer ökonomisch einigermaßen gesicherten Gesellschaft. Das Leben ist wert, gelebt zu werden. Vertrauen in die Verlässlichkeit der Welt wird einem schon in der Wiege mitgegeben. Auch morgen geht die Sonne wieder auf, steht das Essen wieder auf dem Tisch. Das wird nicht immer so sein, aber dass es in der Kindheit und Jugend eine lange Zeit wahr war, ist nicht wieder aus der Welt zu schaffen. „Es ist alles gut", sagt die Mutter am Bett des weinenden Kindes, verspricht mehr, als sie halten kann. Vertraut, ob sie es weiß oder nicht, auf die Verheißung Gottes, der am siebenten Tag über seine Schöpfung gesagt hat: Siehe, es war sehr gut. In der Taufe bekommt es das Kind mit auf seinen Weg: Ich habe dich bei deinem Namen gerufen, du bist einzigartig, du bist schön.

„Dein Alter sei wie deine Jugend". Das wird dem 84jährigen Bürgermeister bei seiner Amtseinführung zugerufen. Nicht, dass er mit seinem jüngeren Kollegen ständig Schritt halten kann. Aber dass er nicht gehindert wird, seine Erfahrung einzubringen. Die Achtung der Würde des Alters möge er erfahren. Dass Freunde da sind, denen er sich in Konfliktfällen und in eigenen Schwierigkeiten anvertrauen kann. Das Leben ist wert, gelebt zu werden bis zum letzten Augenblick. Dies alles und noch viel mehr ist in diesem Wunsch ausgedrückt. In all den Lebenserfahrungen des Alters: Dass die Nähe Gottes spürbar bleibt, der jeden Augenblick des Lebens zur einmaligen Zeit Gottes macht.

Das Arioso, das der Bass nach dem Solochor in der Kantate singt, setzt dieses wunderbare Schweben in der Anwesenheit und Nähe Gottes in überwältigender Direktheit um. Es ist für mich der Höhepunkt des Werkes. Behutsam misst die Stimme des Sängers die Spannweite des Lebens aus, von der Helle des Tages bis in die Tiefe der Nacht. Schlimm wäre es, wenn es diesen Wechsel nicht gäbe, alles nur Tag oder alles nur Nacht wäre. Bei der Berührung mit den „Grenzen" wird einen Augenblick lang die Erschütterung spürbar, die die Endlichkeit des Lebens für den Menschen bedeutet. Dann wirft sich der Sänger wieder hinein in die Gegenwart dessen, der Zeit und Ewigkeit in seinen Händen hat. Eine absolute Kongruenz von biblischer Glaubenszuversicht (Psalm 74, 16+17) und musikalischer Erfindung ist diese Arie!

Dann geht es, mit der Alt-Arie, wieder hinüber in die Aufgaben des Stadtrates und der großen politischen Fragen. Noch immer ist Krieg in den Ländern ringsum, und das Vertrauen auf Gottes Heil und Kraft, die den Frieden sichert, gehört zur Lebenszuversicht eines Gemeinwesens in dieser Zeit. Jäh aufblitzende Fanfaren- und Paukenwirbel erinnern an die Bedrohungen von allen Seiten. Dem von vielen Bachliebhabern hochgerühmten „Taubenchor" („Eines seiner zauberhaftesten Stücke": Maarten 't Hart) kann ich nicht so viel abgewinnen, dass ich ihn – gegenüber den anderen Arien und Chören – besonders herauszuheben wage. Aber mein Verständnis für dieses „kammermusikalische Filigran" (Hans-Joachim Schulze) kann ja vielleicht noch wachsen.

Hinein geht es in den Schlusschor mit allen sieben Musikgruppen. Die Chorsolisten voran, und sie haben auch in der Fuge des zweiten Teiles die schönste und eindrucksvollste Aufgabe. Wo es dann um das Zusammenspiel aller Kräfte und um die Thematik „Glück, Heil und großer Sieg!" geht, klingt dieses Stück nahezu wie jede andere barocke Glückwunschadresse beliebiger anderer zeitgenössischer Komponisten. Der Ausklang quasi pianissimo der beiden Blockflöten kommt mir fast wie ein leises Lächeln Bachs vor, der sich selbst beschwichtigt: Nun gut, das musste halt so sein!

# Von der festen Burg

**BWV 80 „Ein feste Burg ist unser Gott" – Kantate zum Reformationsfest**
**CD: Eingangschor „Ein feste Burg ist unser Gott"** 4.58 Min.

Über viele Jahre hinweg habe ich mich gewehrt, als protestantischer Pfarrer die „Protestantenhymne" auf den Liederzettel unserer Gottesdienste setzen zu lassen. „Ein feste Burg": Das war etwas für Christen mit einem ungebrochenen Selbstbewusstsein. Nicht, dass ich an meinem protestantischen Glauben gezweifelt oder mich dessen geschämt hätte. Seit ich nach meinem Abitur, beim Kirchentag 1953 in Hamburg, auf einmal die Ahnung hatte, ich könnte Theologie studieren, bin ich mit Hingabe und Überzeugung lutherischer Pfarrer geworden und geblieben. Aber „Ein feste Burg", das war etwas, wozu man aufstand und sich in die Brust warf. Die ganze verhängnisvolle Symbiose von „Thron und Altar" war mit diesem Choral Martin Luthers verbunden. „Nehmen sie den Leib, / Gut, Ehr, Kind und Weib, / Laß fahren dahin": Wir ahnten es, wir wussten es dann immer genauer, wie wenig die Kirchen im Dritten Reich dem menschenvernichtenden und völkerzerstörenden Ungeist der Nationalsozialisten widerstanden hatten. Nur Einzelne waren das gewesen, wie die Männer des 20. Juli und ihre Familien. Sie waren unsere Vorbilder. Mit ihnen wollten wir uns nicht vergleichen.

Andererseits: Die Metapher von der „festen Burg", die die Erfahrung Gottes für Menschen in Zeiten der Not und Bedrängnis bildlich zusammenfasst, ist so einprägsam! Ich liebe die Burgen auf den Bergen. Sie sind weit mehr als das, was man mit Augen sehen kann. Bilder unserer Herkunft und unserer Geschichte sind sie, aus der wir leben. Ich habe natürlich auch die Wartburg bei Eisenach besucht mit ihrer bewegten Vergangenheit, dem mittelalterlichen Sängerstreit und der Heiligen Elisabeth. Sie hatte Luther ja wahrscheinlich vor Augen, als er den Choral in den Jahren zwischen 1526 und 1528 schrieb. Da war sein Aufenthalt auf der Wartburg im Jahre 1521 schon einige Zeit her. Vielleicht hatten sich diese Monate auch in seiner Erinnerung verklärt. Denn ich weiß aus seinen Briefen von dort oben, wie ungern er auf der Wartburg war. Von seiner „Verbannung" redete er ständig. Von seinem „Patmos", wie der Seher Johannes auf seiner einsamen Insel. Dass er – trotz aller lebensgefährlichen Konsequenzen – lieber sofort wieder nach Wittenberg gegangen wäre.

## Ein feste Burg ist unser Gott BWV 80

**1 Chor**
Ein feste Burg ist unser Gott, / Ein gute Wehr und Waffen. / Er hilft uns frei aus aller Not, / Die uns itzt hat betroffen. / Der alte böse Feind, / Mit Ernst ers jetzt meint, / Groß Macht und viel List / Sein grausam Rüstung ist. / Auf Erd ist nicht seinsgleichen.

**2 Arie**
Mit unserer Macht ist nichts getan, / Wir sind gar bald verloren. / Es streit vor uns der rechte Mann, / Den Gott selbst hat erkoren. / Fragst du, wer er ist? / Er heißt Jesu Christ, / Der Herre Zebaoth, / Und ist kein andrer Gott, / Das Feld muß er behalten. / Alles, was von Gott geboren, / Ist zum Siegen auserkoren. / Wer bei Christi Blutpanier / In der Taufe Treu geschworen, / Siegt im Geiste für und für.

**3 Rezitativ**
Erwäge doch, Kind Gottes, die so große Liebe, / Da Jesu sich / Mit seinem Blute dir verschriebe, / Womit er dich / Zum Kriege wider Satans Heer und wider Welt und Sünde / Geworben hat! / Gib nicht in deiner Seele / Dem Satan und den Lastern statt! / Laß nicht dein Herz, / Den Himmel Gottes auf der Erden, / Zur Wüste werden! / Bereue deine Schuld mit Schmerz, / Daß Christi Geist mit dir sich fest verbinde!

**4 Arie**
Komm in mein Herzenshaus, / Herr Jesu, mein Verlangen! / Treib Welt und Satan aus / Und laß dein Bild in mir erneuert prangen! / Weg, schnöder Sündengraus!

**5 Choral**
Und wenn die Welt voll Teufel wär / Und wollten uns verschlingen, / So fürchten wir uns nicht so sehr, / Es soll uns doch gelingen. / Der Fürst dieser Welt, / Wie saur er sich stellt, / Tut er uns doch nicht, / Das macht, er ist gericht', / Ein Wörtchen kann ihn fällen.

**6 Rezitativ**
So stehe denn bei Christi blutgefärbter Fahne, / O Seele, fest / Und glaube, dass dein Haupt dich nicht verlässt, / Ja, dass sein Sieg / Auch dir den Weg zu deiner Krone bahne! / Tritt freudig in den Krieg / Wirst du nur Gottes Wort / So hören als bewahren, / So wird der Feind gezwungen auszufahren, / Dein Heiland bleibt dein Hort!

**7 Duett**
Wie selig sind doch die, die Gott im Munde tragen, / Doch selger ist das Herz, das ihn im Glauben trägt! / Es bleibet unbesiegt und kann die Feinde schlagen / Und wird zuletzt gekrönt, wenn es den Tod erlegt.

**8 Choral**
Das Wort sie sollen lassen stahn, / Und kein' Dank dazu haben. / Er ist bei uns wohl auf dem Plan / Mit seinem Geist und Gaben. / Nehmen Sie uns den Leib, / Gut, Ehr, Kind und Weib, / Laß fahren dahin, / Sie habens kein' Gewinn; / Das Reich muß uns doch bleiben.

Aber als er Psalm 46 mit seinem Choral in eine Versform brachte, da stand offenbar sofort die „Burg", als letzter Zufluchtsort des Menschen vor seinem inneren Auge. Ein Vertrauenslied ist dieser Psalm 46, redet von dem Gott, der „unsere Zuversicht und Stärke" ist. „Eine Hilfe in den großen Nöten, die uns betroffen haben". Etwas noch Konkreteres, etwas noch Anschaubareres muss her, hat anscheinend der Poet in Martin Luther gedacht. Und verändert das Bildwort des Psalms von der „Stadt Gottes", in der die „Brünnlein" munter fließen, in jenes von der „festen Burg". Obwohl doch die Burgen als Bastion der Stärke und der Uneinnehmbarkeit, durch die Entwicklung der Waffentechnik und der Kriegsführung, immer stärker ihre eigentliche Funktion verloren hatten und langsam verfielen. Bis dann, im 19. Jahrhundert, die Romantik den Reiz der Burgen neu entdeckte und einige Herrscher, wie Ludwig II. von Bayern, wieder Burgen bauten. Dann aber unter dem Blickpunkt einer Ästhetik der Landschaft und des Raumes. So dass das Bildwort von der „festen Burg", die Gott in den Untergängen des Lebens ist, zwar als Metapher überlebte, aber ohne noch eine direkte Anschaubarkeit zu besitzen. So geht das anscheinend manchmal mit der Langlebigkeit von Metaphern. Diese „festen Burgen" waren möglicherweise schön, aber waren keine Zuflucht mehr.

Johann Sebastian Bach wird, 200 Jahre später, den Choral „Ein feste Burg ist unser Gott" als einen festen Bestandteil des reformatorischen Liedgutes gekannt und akzeptiert haben. Er wird das alles auch nicht weiter als problematisch empfunden haben, die großen nationalen Erhebungen standen ja noch aus. Aber es legt sich nahe, aus dem Studium seiner Kantate eine immer deutlichere Entwicklung zu einer inneren Auseinandersetzung, ja, zu einer Heimholung des Chorals in den Bereich der großen Glaubenszeugnisse des Luthertums herauszulesen.

Es scheint unbestritten zu sein, dass die Urform der Reformationsfestkantate Bachs auf eine Kantate zum Sonntag Oculi (3. Sonntag in der Passionszeit) aus dem Jahr 1715 in Weimar zurückgeht. Salomo Franck, der Librettist, hat den Text in seinem „Evangelischen Andachts-Opffer" publiziert. Einige seiner hochgeschraubten theologischen Stilblüten haben sich leider auch in der endgültigen Fassung der Kantate „Ein feste Burg" erhalten („Christi blutgefärbte Fahne"). Im Herzogtum Sachsen-Weimar gab es die Einrichtung eines „Reformationsfestes" noch nicht. Der Choral „Ein feste Burg ist unser Gott" war dem Sonntag Oculi zugeordnet, der den Kampf Satans gegen Gott zum Thema hatte. Die Originalmusik dieser Kantate ist nicht erhalten. Es ist nicht von der Hand zu weisen, dass sie – in schlichtem, vierstimmigem Satz – mit einer Strophe des Lutherliedes geschlossen hat. Etwa mit der Strophe 2: „Mit unsrer Macht ist nichts getan, / Wir sind gar bald verloren." Vielleicht hat es auch im Eingang der Kantate einen – instrumentalen – Hinweis auf das Lutherlied gegeben (Alfred Dürr).

In Leipzig wurden in der Passionszeit keine Kantaten aufgeführt. Dafür gab es im Kurfürstentum Sachsen seit 1667, durch eine Anordnung Johann Georgs II., den 31. Oktober als Reformationsfest – unabhängig vom Wochentag – mit einem halben Feiertag. Bach stand also neu vor der Aufgabe, Kantaten zum Reformationsfest zu komponieren. Als erstes griff er auf die Weimarer Kantate zurück und formte sie um. Ob dies schon im ersten Jahr 1723 geschah oder erst 1724, im Rahmen der Choralkantaten, oder noch später, ist unbekannt. Jetzt aber bringt Bach alle vier Strophen des Lutherliedes in die Kantate hinein. Strophe 1 in einem einfachen Eingangschoral, von dem ein kleines Bruchstück erhalten geblieben ist. Mit der Strophe 4, ebenfalls in einem schlichten Chorsatz, endet die Kantate „Das Wort sie sollen lassen stahn / Und kein' Dank dazu haben".

Am interessantesten ist, im Sinne meiner These von der langsamen Aneignung des Lutherchorals durch Bach, die Verwendung der Strophe 2: „Mit unsrer Macht ist nichts getan, / Wir sind gar bald verloren". In einer Choral-Arie entwickelt ein Streichorchester aus Violinen und Violen mit obligater Stimme die Szenerie einer Schlacht zwischen Christus und dem Bösen. Der Sopran singt, mit leichten Verzierungen, die zweite Strophe des Lutherliedes (unterstützt von einer Oboe), während der Bass – im Text von Salomo Franck – von dem schon errungenen Sieg in der Taufe redet. Die leise Aufforderung zur Bewährung der schon errungenen Erlösung ist freilich nicht zu überhören. Luthers Hinweis auf Christus, der „das Feld behalten muss", wird von Franck und Bach in existentieller Auslegung auf die Treue bezogen, in der der Christ seine Taufe annimmt und den von Christus errungenen Sieg bestätigt.

Das alles scheint für Johann Sebastian Bach noch keine angemessene Auseinandersetzung mit diesem zentralen Choral Luthers gewesen zu sein. Für eine spätere Aufführung der Kantate – sicherlich nach 1733, vielleicht auch in seinem letzten Lebensjahrzehnt – arbeitet Bach den Eingangssatz um und schafft mit der umfangreichen Choralbearbeitung der ersten Strophe des Lutherliedes einen von allen Bachkennern anerkannten Höhepunkt im Vokalwerk dieses

Meisters. Erst mit diesem Satz, so empfinde ich es, kommt die innere Aneignung Luthers durch Bach an sein Ziel.

Diese Aneignung und Heimholung Luthers in den Glaubenshorizont eines Christen des 18. Jahrhunderts beginnt mit der Melodie des Lutherliedes. Das heutige Gesangbuch enthält zwei Fassungen der Melodie. Die normalerweise gesungene Melodie besteht aus gleichmäßigen Viertelnoten, die gelegentlich zu Achtelnoten verkürzt oder halben Noten verlängert werden, sich leicht singen lässt, aber erheblichen Anteil daran hat, den „hinreißenden Schwung der Originalgestalt der Melodie zu einem marschartig stampfenden Bekennertum zu verfestigen" (Joachim Stalmann). Ich muss allerdings gestehen, dass es mir immer wieder schwer fällt, die andere Fassung, die Originalgestalt, mit ihren schwebenden Rhythmen – die die Musiktheoretiker als „jonische Weise im Oktavraum" bezeichnen (Stalmann) – angemessen zu Ende zu bringen. Höchst geschult oder kunstvoll begleitet müsste eine Gemeinde sein, die den Choral so singen kann. Aber diese Melodie würde dem Lied viel von seinem „Schutz- und Trutzcharakter" nehmen.

Eben diesen Weg geht Bach. Er baut den Eingangschor als Motette, die die einzelnen Zeilen in enger Kanonbildung nacheinander vorträgt und am Ende jeder Zeile durch die Oboen mit Continuo-Bass die Choralmelodie noch einmal ins Bewusstsein bringt. Dabei erweitert Bach jeweils die zweite Note mit einer Verzierung der Melodie, die den Hörer sofort aus seinem intuitiv begonnenen Rhythmus bringt und in die Bewegung hineinführt, die der Text Luthers verlangt. Man wird einfach gezwungen, genau zu verfolgen, welche Worte der Luther-Strophe dadurch eine besondere Betonung erhalten. Die „feste" Burg wird herausgehoben, und dass Gott „hilft" aus aller Not. Der „altböse" Feind wird angeprangert, und dass auf „Erd" nicht seinesgleichen ist. Ein dichtes Geflecht der musikalischen Bezüge entwickelt sich, und es führt direkt hinein in die Theologie Luthers, die die Welt als einen Kampfplatz zwischen Gott und Teufel sieht, auf dem Christus den Sieg errungen hat und ihn immer wieder gewinnen wird.

Nach der zweiten Strophe des Lutherliedes, die mit der Arie „Alles, was von Gott geboren" verbunden ist, bringt Bach die dritte Strophe im Choral des Gesamtchores unisono. „Und wenn die Welt voll Teufel wär / Und wollt uns gar verschlingen". Im Orchester tobt die Welt und toben die Teufel, es bedarf des Rückgrats und des Zusammenhalts, um sich dagegen zu stemmen. Der Chor tut es mit gesammelter Kraft, die Worte Luthers wirken in diesem Getümmel absolut überzeugend. „Ein Wörtlein kann ihn fällen": Und man weiß, wenn Christus sein „Ich bins" spricht, dann rückt der Teufel ab. Und es kommen, wie in der Versuchungsgeschichte, die Engel und dienen ihm.

Die Kantate schließt mit der letzten Strophe „Das Wort sie sollen lassen stahn" im vierstimmigen Satz ohne Pathos ab. Nach der Dramatik der vorhergehenden Strophe wirkt die Konsequenz des Einsatzes von Leib und Leben für den Glauben eher nachdenklich als selbstbewusst. Bachs Aneignung der Theologie Luthers hat ihn einen weiten Weg geführt. Ich folge ihm gerne und bin der „festen Burg" wieder ein Stück weit näher gekommen.

Zum Abschluss höre ich noch einmal eine Reihe von Aufnahmen der Reformationskantate Bachs. Bei einer Einspielung bin ich auf einmal wie elektrisiert. Es ist die Aufnahme des Bach Collegiums Japan mit Masaaki Suzuki. Dieser japanische Dirigent, Organist und Cembalist ist unter Bach-Liebhabern längst kein Geheimtipp mehr. 1954 in Kobe geboren, kommt Suzuki aus einem protestantischen Elternhaus, hat dort in der evangelischen Gemeinde schon mit zwölf Jahren das Harmonium gespielt. Nach dem Studium der Musik in Tokio ist er nach Amsterdam gegangen, hat sich bei Piet Kee in der Orgel und bei Ton Koopman am Cembalo perfektioniert und ist, wie er selbst sagt, mit einem Koffer voll mit all den Dingen, die man in Europa über Bach lernen kann, nach Japan zurückgegangen. 1990 hat er, mit sorgfältig ausgewählten Sängerinnen, Sängern und Musikern das Bach Collegium Japan gegründet, kommt gelegentlich mit seinem Chor und Orchester nach Europa und setzt alle in Erstaunen und Begeisterung, die die Gelegenheit haben, seine Aufführungen zu hören. Zielstrebig arbeitet er an einer Einspielung sämtlicher Kantaten Johann Sebastian Bachs. Im Rundfunk höre ich ihn sagen, er spricht perfekt deutsch: Die Kantaten Bachs sprengen heute jeden Gottesdienst. Aber Musik und Glaube gehörten für ihn zusammen. Deshalb führe er die Kantaten in gesonderten Veranstaltungen auf. Diese Aufführungen seien für ihn Gottesdienst. – Ich habe sein Portrait aus dem Internet vor mir liegen. Sorgfältig gescheitelt, mit weißen Haaren und hochgeschlossenem blauen Rock schaut er mich direkt an und lächelt.

Ich höre noch einmal in den Eingangschor von „Ein feste Burg" hinein. Mit welcher Kraft und Frische gehen die Musiker und der Chor die Kantate an! Da ist eine innere Begeisterung und eine musikalische Perfektion am Werk, die sofort überspringt. Jede einzelne Note ist zu hören, der Satz ist durchsichtig bis zum letzten Ton. Nur an einem einzigen Vokal, an dem „ü" in „Rüstung" merkt man, dass es Japaner sind, die den deutschen Text singen. Aus einem fernen Land kommt auf einmal Bach in einer Unmittelbarkeit zurück, als sei diese Kantate gerade erst entstanden.

Werden die Japaner mit diesem typisch deutschen Text, der Gott mit einer „festen Burg" vergleicht, inhaltlich und metaphorisch überhaupt etwas anfangen können, habe ich mich sofort gefragt? Aber dann lese ich, dass es in Japan – unter europäischem Einfluss – um 1600 herum, also nach der Reformationszeit, einen regelrechten Boom eines Burgenbaus gegeben habe. Sehe auf Abbildungen die „schwarze Burg" von Kumamoto und die „weiße Burg", den „weißen Reiher" von Himeji, die ich aus dem Filmklassiker „Ran" von Akira Kurosawa schon lange kenne. Himmelstürmend sind diese Burgen, wie Pyramiden in immer neuen Anläufen recken sie sich hoch. Ein eindrucksvoll anschaubares Abbild des Gottes scheinen sie mir auf einmal zu sein, der „unsere Zuversicht" und unsere Zuflucht ist „für und für". Weit geeigneter für die Metapher von der „festen Burg" als unsere verschachtelten und unüberschaubaren deutschen Burgen.

Bach ist ganz tief in der protestantischen Tradition seiner Kirche zu Hause. Das merkt man an seiner Auseinandersetzung mit diesem zentralen Choral des Reformators Martin Luther. Aber wenn einem die Kantate aus fernen Landen zugesungen wird, dann spürt man nicht nur die ökumenische und universale Weite der Musik dieses Kantors seiner Kirche. Die Ahnung setzt sich immer stärker durch, dass der dienende Charakter der Musik gegenüber der Theologie ihrem Ende zugeht. Und dass eine Zeit bevorsteht, in der wir offensichtlich schon längst sind, in der es – wie es der Philosoph Hans Blumenberg ausgedrückt hat – vielen Menschen nur noch „in der kulturellen Distanz" möglich ist, den Inhalten des christlichen Glaubens zu begegnen. Es mag sein, dass die enorme Zunahme der Bedeutung Bachs für die Kultur der Gegenwart an diesem Punkt ihren stärksten Impuls erhält.

# Vom Sterben

**Kantate BWV 106 „Gottes Zeit ist die allerbeste Zeit" (Actus tragicus)**
**CD: Schlusschor „Glorie, Lob, Ehr und Herrlichkeit"** 3.05 Min.

Der erste Satz dieser Kantate ist eine Provokation. Man merkt es nur nicht gleich. Ich habe auch noch nicht gelesen, dass jemand darüber gestolpert wäre. „Gottes Zeit ist die allerbeste Zeit": Das könnte ein Satz aus der Bibel sein, denkt man. Auch in der Vertonung Bachs in der Kantate ist bei diesem Satz kein Widerhaken eingebaut. In strahlendem Dur wird die „Gotteszeit" als die „allerbeste" Zeit gepriesen. Vielleicht will Bach die Aufmerksamkeit auch nur einschläfern und das alles als etwas ganz Normales hinstellen. Aber die Bibel würde einen solchen Satz nie so formulieren! Es scheint auch völlig unklar zu sein, wer diese Behauptung aufgestellt hat, dass Gottes Zeit die allerbeste Zeit sei. Erstmals taucht dieser Satz in einer „Christlichen Bet-Schule", also in einem Gebetbuch von 1668 auf. Gott hat aber mit der Zeit nichts zu tun, müsste man in einer gründlichen Auslegung der Bibel sagen. Exklusiv hat er die Zeit dem Menschen zugeteilt!

Im Paradies gab es noch keine Zeit. Das wird nicht ausdrücklich so gesagt, aber man kann es aus der ganzen Schilderung der Erschaffung der Welt und des Menschen und der Lebensumstände im Garten Eden schließen. Das hält unsere Sprache treffend fest, wenn sie eine wunderbare Erfahrung, in der man Zeit und Raum vergisst, einfach „paradiesisch" nennt. In seinem tiefgründigen Buch über „Lebenszeit und Weltzeit" hat Hans Blumenberg diesen Zustand der Menschheit auf die einprägsame Formel gebracht, dass damals noch Lebenszeit und Weltzeit zusammenfielen. Es gab keinen Mangel an Zeit, Zeitgewinn hätte nichts bedeutet, da es außerhalb der eigenen Lebenszeit nichts an Welt zu erobern gab. Diese Atmosphäre gibt, nach meinem Eindruck, die einleitende Sonatina der Kantate „Gottes Zeit ist die allerbeste Zeit" wunderbar wieder. Blockflöten, Gambe und Basso Continuo stimmen eine unendlich schwebende Melodie an. Albert Schweitzer hat den „verklärten Schmerz" aus diesen Tönen herausgehört und das Kommen Gottes zu den Menschen am Ende der Zeit, der alle Tränen von ihren Augen abwischen wird. Mir geht es anders. Ich sehe in meiner Vorstellung Adam und Eva im Garten Eden in der Abendkühle wandeln. Auch spielerische Elemente sind dabei. Es steht alles noch bevor, reine Potentialität ist das. Bilder sind diese Geschichten vom Paradies natürlich, aber Bilder, die

**Gottes Zeit ist die allerbeste Zeit** **BWV 106**

**1 Sonatina**

**2 Chor – Arioso – Arioso – Chor – Arioso**
Gottes Zeit ist die allerbeste Zeit. In ihm leben, weben und sind wir, solange er will. In ihm sterben wir zur rechten Zeit, wenn er will. Ach, Herr, lehre uns bedenken, daß wir sterben müssen, auf daß wir klug werden. Bestelle dein Haus! Denn du wirst sterben und nicht lebendig bleiben. Es ist der alte Bund: Mensch, du mußt sterben! Ja, komm, Herr Jesu!

**3 Arie – Arioso – Choral**
In deine Hände befehl ich meinen Geist; du hast mich erlöset, Herr, du getreuer Gott. Heute wirst du mit mir im Paradies sein.
Mit Fried und Freud ich fahr darin / In Gottes Willen / Getrost ist mir mein Herz und Sinn, / Sanft und stille. / Wie Gott mir verheißen hat: / Der Tod ist mein Schlaf worden.

**4 Chor**
Glorie, Lob, Ehr und Herrlichkeit / Sei dir, Gott Vater und Sohn bereit, / Dem Heiligen Geist mit Namen! / Die göttlich Kraft mach uns sieghaft / Durch Jesum Christum, Amen.

entscheidende Dimensionen menschlicher Grunderfahrungen in Erzählungen festzuhalten versuchen. Bach übersetzt sie in Musik.

Dann ist es mit dieser Identität von Lebenszeit und Weltzeit vorbei. Mit dem Tod sei die Sünde in die Welt gekommen, sagt Paulus in seinem Brief an die Römer (5, 12). Das schildert die biblische Erzählung von dem Sündenfall (1. Mose 3). Lassen wir einmal für einen Augenblick das schuldhafte Element, das im Begriff der Sünde steckt, beiseite, dann kann man sagen: Die Zeit wird in den Horizont des menschlichen Lebens eingeführt. Der Mensch entdeckt seine Endlichkeit. Er ist als eine „Episode zwischen Natalität und Mortalität in den Weltlauf eingelassen" (Blumenberg). Ungerührt geht die Welt darüber hinweg, wenn der Einzelne stirbt. Fortan gehört das Nachdenken über die Zeit, über den Tod und über das Sterben zu den Grundvoraussetzungen menschlichen Lebens. Ob das, in der Geschichte der Philosophie, der Stoiker Seneca ist mit seinem Essay über „Die Kürze des Lebens" („De brevitate vitae"), Kant mit seiner „Transzendentalen Ästhetik" von Raum und Zeit, Heidegger mit seiner Interpretation des Daseins im Hinblick auf die Zeitlichkeit. Oder ob es die ganz persönlichen

Erfahrungen sind, dass das Leben der Menschen, die man liebt, und dass das eigene Leben auf einmal zu Ende ist.

Ich werde den Augenblick nicht vergessen, in dem das Wissen um das bevorstehende Ende meines Lebens zum ersten Mal in voller Schärfe in mein Bewusstsein trat. Ich lag im Bett, hatte Schmerzen. Die Schmerzen wurden stärker, hörten nicht auf. Der Diagnose des Arztes zum Trotz. Auf einmal ist der Gedanke da, der alle anderen Gedanken und Gefühle beiseite schiebt und unter sich begräbt: Das ist die Krankheit, an der du sterben wirst! Die Zeit schrumpft auf einen Nullpunkt zusammen, das Selbstbewusstsein ist wie weggeblasen. Angst kriecht durch den ganzen Körper. Ich horche nur noch auf die Stimme des Schmerzes in meinem Leib. Stoßgebete steigen zum Himmel, vielleicht ist da doch einer, der hört. – Jahre später, als es dann wirklich um Leben und Tod geht, bin ich erstaunlich ruhig. Nur noch der Wunsch ist da, dass meine Frau rechtzeitig zurückkommen möge, ehe der Hubschrauber in der Nacht mit mir entschwindet.

Trotz dieser Lebenserfahrungen verwundert es mich immer wieder, wie stark mich jedes Mal die Bassarie aus der Kantate BWV 106 mit unverminderter Wucht trifft. „Bestelle dein Haus! Denn du wirst sterben, und nicht lebendig bleiben!" An die Erfahrung des eigenen Lebensendes kann man sich nie gewöhnen! Da ist nicht irgendein Anderer gemeint, das ist mir auf den Kopf hin zugesprochen und ins Herz hinein gesungen. Die muntere Flötenbegleitung scheint mir das sorglose Hineinleben in den Tag als Kontrast zu dem bitteren Ernst der Worte abzubilden. Die Heiterkeit des Daseins, und da auf einmal: Bestelle dein Haus! Als „Schnitter Tod", als „Sensenmann" haben die mittelalterlichen Totentänze das Ende des Lebens dargestellt. Begreifen wird der Mensch das Rätsel seiner Zeitlichkeit, verstehen wird er das Ende seines Lebens – selbst bei einer langen Krankheit – nie. Das Sterben ist die eine große, nie zu bewältigende Herausforderung seines Daseins. Dass der Mensch seine eigene Aufhebung fürchtet, ist nicht verwunderlich. Und doch erstaunt es mich immer wieder, auch bei mir selbst, wie schnell die Unendlichkeit der Zeit als eine selbstverständliche Voraussetzung des Lebens alle Gedanken beherrscht.

Bachs Musik, so erlebe ich sie, ist dagegen eine Lebenskunst, die geleitet ist von einer Gewissheit, die den Tod und das Sterben in sich schließt. Alfred Dürr, der die Kantate „Gottes Zeit ist die allerbeste Zeit" als ein nahezu unübertroffenes frühes „Geniewerk" bezeichnet, hat in seinem Werk über die Kantaten Bachs die mit Abstand intensivste musikalische Analyse dieses „Stücks Weltliteratur" vorgelegt. Schon im Eingangschor mit den Hinweisen auf die Gotteszeit, in der wir „leben, weben und sind", werden wir mit den langen Tönen paradoxerweise auf die Kürze des Lebens verwiesen, die – nach Gottes Willen – unser Dasein begrenzt („solange er will"). Die Tenorarie mit dem bekannten Zitat aus Psalm 90 leitet Bach ein mit einem mehrmaligen „Ach Herr", das mit seinen fallenden Intervallen noch einmal wieder bewusst macht, wie weh der Tod tut. Die Mühsal des Sterbens bringt die deutlich wahrnehmbare Chromatik im Wort „sterben" in vergleichbarer Weise zum Ausdruck („Ach Herr, lehre uns bedenken, daß wir sterben müssen, auf daß wir klug werden"). Nach der schon erwähnten Bassarie kommt, mit dem erneuten Einsatz des Chores, der Mittelsatz der Kantate, den man – wenn man die Kantate, wie Dürr es tut, mit einem Werk der barocken Architektur vergleicht – als die Kuppel einer Kirche wie der Frauenkirche in Dresden bezeichnen könnte. Mit den Unterstimmen beginnt die Chorfuge „Es ist der alte Bund", gefolgt von der lapidaren Feststellung „Mensch, du mußt sterben". Ich muss gerade diesen Satz immer wieder hören, um die unerhörte Klarheit in der Schilderung der Sterbensnähe und zugleich ihre Überschreitung in eine andere Dimension hinein zu begreifen.

Mit den tiefen Stimmen der Gottesferne wird der Sterbegesang des Menschen angestimmt, der in f-Moll in der Form einer Motette langsam nach oben steigt. Nach zwei Themendurchführungen bricht er auf einmal ab. Es ist, als ob der Sterbende mit seiner Klage aufhört und auf eine andere Stimme zu hören versucht. Und da erklingt sie auf einmal, diese andere Stimme. Mit der Gottesnähe des hohen Solosoprans ertönt das Ja der Einstimmung des Davongehenden in seinen Abschied von der Erde: „Ja, ja, ja, komm, Herr Jesus!" Man hat immer wieder einmal von der „Todesmystik" Bachs gesprochen, die das Ende des Lebens mit der Gottesnähe identifiziere. Aber dieser Begriff greift viel zu kurz. Es bleibt bis zum bitteren Ende dabei, dass der Tod „der Sünde Sold" ist und der Tod der Widersacher des Lebens. Aber es gibt einen Beistand auf diesem schweren Weg. Es gibt einen Begleiter auf dem Weg durch das dunkle Tal. Die Stimme aus der Höhe erklingt in der Kantate zunächst isoliert, mischt sich dann aber immer stärker hinein in den kürzer werdenden Klagegesang über das Muss des Sterbens. Die Melodie des alten Bundes nähert sich immer deutlicher der Melodie der Einstimmung an. Am Ende des Satzes klingt, unbegleitet, ein einziger Ton des Soprans nach mit dem Wortlaut „Jesus". In diesem kurzen Stück der Motette ist alles gesagt, was man früher in dem Begriff eines „seligen Sterbens" zusammenfasste.

Es bedarf dann nur noch einer eindringlichen Bestätigung. Wie könnte sie deutlicher gegeben werden als mit den Worten, die Jesus bei seiner Kreuzigung gesprochen hat: „In deine Hände befehle ich meinen Geist" (Lukas 23, 43). In einer ruhigen, nahezu gelassenen Melodie, die vom Basso Continuo umrahmt wird, bringt der Alt die Stimme Jesu zu Gehör, die mit der Stimme des Sterbenden verschmilzt. Unruhiger, vom Aufbruch gezeichnet, ist die Arie des Basses, die das Wort Jesu aufgreift, das er zu dem Schächer spricht: „Heute wirst du mit mir im Paradies sein". Der Chor setzt ein mit Luthers Version des „Lobgesangs des Simeon" aus Lukas 2, 29-32: „Mit Fried und Freud ich fahr dahin". Virtuos ist der Zusammenklang zwischen der einfachen Choralmelodie und den bewegten Ausrufen des Basses. Und dann kommt die Stelle in dem Choral Martin Luthers, die ich über alles liebe und die sich, wie ich vermute, der Sprachgewalt eines Martin Luther verdankt: „Der Tod ist mein Schlaf worden". Die Transformation des Todes in den Schlaf, damit ist alles gesagt, was sich vom christlichen Glauben her über das Sterben sagen lässt. Und ich sehe den einen oder die andere der vielen Toten vor mir, an deren Bett ich als Pfarrer gesessen habe, mit dem deutlichen Gefühl: Sie schlafen einen guten Schlaf. Sie sind in Gottes Hand. Nein, es ist nicht der „ewige Schlaf", von dem Jeremia spricht (51, 39), von dem man nie mehr aufwacht. Dieser Schlaf ist „Rettung des gelebten Lebens durch Gott, Teilhabe des irdischen, begrenzten Lebens an Gottes Leben" (Eberhard Jüngel). Übergang der begrenzten Zeit, die uns gegeben ist, hinein in Gottes Ewigkeit.

Und da bekommt auf einmal der erste Satz dieser Kantate von der „Gottes Zeit" als der „allerbesten Zeit" eine neue Relevanz. Er ist nicht nur eine Provokation, er ist auch eine geniale Spracherfindung. „Es begab sich aber zu der Zeit", so beginnt die bekannteste Erzählung der Bibel, die Weihnachtsgeschichte nach Lukas 2. Es war einmal eine Zeit, da wurde in Bethlehem ein Kind geboren. Da wuchs ein Mensch heran und zog durch Galiläa und Judäa, der – nach etwa 30 Jahren – am Kreuz gestorben ist. Es war einmal eine Zeit, so behaupten die Christen, da war Gottes Nähe und Zuwendung zu den Menschen in besonderer Weise spürbar. Da begab sich Gott hinein in die Zeit des Menschen. Und deshalb definieren seitdem alle, die sich Christen nennen, ihren Weg durch die Jahre ihrer Zeit als eine Verbindung mit dieser Zeit. Als die Zeit erfüllt war, heißt es, da sandte Gott seinen Sohn. Nicht einfach zählbare Jahre waren das von 1 bis 30, sondern eben „erfüllte Zeit". Eine Zeit, die schwer ist an Bedeutung. Eine Zeit, die nie veraltet und vergeht. Eine, die ihr Gewicht behält, weil es eine Zeit der weltumfassenden Liebe ist. „Erfüllte Zeit" aber ist dann doch wohl „Gottes

Zeit". Wirklich und wahrhaftig ist sie „die allerbeste Zeit". In sie hinein stirbt der Mensch, wenn er von dieser Erde geht und sich in Gottes Hände legt.

Und genau so, wie sich der Tod in den Schlaf verwandelt, so geht beim Sterben die Klage hinüber in das Lob Gottes. Mit einer geradezu heiteren Flötenmelodie, die von der Gambe und vom Basso Continuo begleitet wird, schließt die Kantate Bachs. „Glorie, Lob, Ehr und Herrlichkeit / Sei dir, Gott Vater und Sohn bereit". Noch einmal ist eine kleine Unsicherheit spürbar, die mit der wunderbaren Bitte überwunden wird: „Die göttlich Kraft mach uns sieghaft". Und dann holt der Chor noch einmal tief Atem und schließt mit einer Fuge, die nur aus vier Wörtern besteht. Aber diese Worte enthalten den vollen und ganzen Hinweis auf die „allerbeste Zeit", die eben die „Gottes Zeit" ist: „Durch Jesum Christum, Amen".

Für die Trauerfeier seines Erfurter Onkels Tobias Lämmerhirt ist diese Kantate möglicherweise entstanden. Es ist wirklich erstaunlich, mit welcher Intensität und in welcher Tiefe dieser 22-jährige Musiker, der Johann Sebastian Bach bei der Komposition dieser Kantate 1707 in Mühlhausen war, das Sterben und seine Verarbeitung nachempfindet. So, mit dem Lob Gottes im Herzen und auf den Lippen, würde auch ich gerne einmal sterben, wenn es so weit ist. Ob es so sein wird, wer kann das wissen? Das Sterben ist ein Ereignis, das uns radikal ins Unbekannte führt. Es ist, wie das Leben überhaupt, ein großes Abenteuer. Vielleicht aber ist es nicht das letzte, das uns widerfährt.

# Vom Abwischen der Tränen

**Kantate BWV 56 „Ich will den Kreuzstab gerne tragen"**
**CD: Arie (Bass) „Endlich, endlich wird mein Joch"** 6.35 Min.

Lange muss ich nachdenken und in mich hineinhören, um meinen auseinander laufenden Gedanken und widerstreitenden Gefühlen bei der Kantate „Ich will den Kreuzstab gerne tragen" auf die Spur zu kommen. Das bezieht sich nicht auf die Qualität dieses Werkes. Ich bin sofort bereit, alle positiven und sogar hymnischen Urteile über die Kantate BWV 56 zu unterschreiben. Auch ich halte die Kreuzstabkantate für „eine der gewaltigsten Kantaten, die Bach komponiert hat" (Maarten 't Hart). Voller ergreifender Momente. Auch die ungewöhnliche Wortbildung des „Kreuzstabs" und dessen Herkunft beunruhigt mich nicht. Die schwebende Bedeutung ist kaum zu entwirren, die zwischen dem Kreuz schwankt, mit dem ein Mensch geschlagen wird, und dem Kreuz, das er wie Jesus auf seiner Schulter trägt. Wahrscheinlich hat gerade diese Unbestimmtheit den uns unbekannten Librettisten der Kantate und Johann Sebastian Bach gereizt. Meine ambivalenten Gedanken und Gefühle gehen tiefer. Offensichtlich hängen sie mit der Frage zusammen, wie Leben und Tod, wie Lebenskunst und Sterbestunde sich zueinander verhalten. Vielleicht macht gerade das Aufdecken und das Aushalten dieser Spannung die überragende Qualität der Kantate aus.

Das beginnt schon mit der Eingangsmusik. Im dritten Kantatenjahrgang hat Bach für die Trinitatiszeit häufig Solokantaten komponiert. So ist auch diese Kantate für den 19. Sonntag nach Trinitatis (27.10.1726) als Werk für einen Solo-Bass entstanden. Das Sonntagsevangelium war die Heilung des Gelähmten nach Matthäus 9, 1-8. Aber nur wenige Elemente dieser Erzählung, wie etwa der Hinweis auf die Schifffahrt oder auf die Bedeutung der Vergebung der Sünden, sind in den Text der Kantate eingegangen. Eine größere Rolle spielen andere biblische Texte. Wie die große Endzeitvision von dem neuen Himmel und der neuen Erde, auf denen Gott alle Tränen abwischen wird von den Augen seines Volkes (Offenbarung des Johannes 21). Von dieser freudigen Aussicht scheint schon der erste Satz der Kantate inspiriert zu sein. „Ich will den Kreuzstab gerne tragen": Das ist die bereitwillige Zustimmung des Menschen zu seinem Weg durch das dunkle Tal. Weil er ja doch weiß, dass ihn nichts von der Liebe Gottes trennen kann. Man erwartet nun also eine Musik, die sich auf dem

## Ich will den Kreuzstab gerne tragen — BWV 56

**1 Arie**
Ich will den Kreuzstab gerne tragen, / Er kömmt von Gottes lieber Hand, / Der führet mich nach meinen Plagen / Zu Gott in das gelobte Land. / Da leg ich den Kummer auf einmal ins Grab, / Da wischt mir die Tränen mein Heiland selbst ab.

**2 Rezitativ**
Mein Wandel auf der Welt / Ist einer Schiffahrt gleich: / Betrübnis, Kreuz und Not / Sind Wellen, welche mich bedecken / Und auf den Tod / Mich täglich schrecken; / Mein Anker aber, der mich hält, / Ist die Barmherzigkeit, / Womit mein Gott mich oft erfreut. / Der rufet so zu mir: / Ich bin bei dir, / Ich will dich nicht verlassen noch versäumen! / Und wenn das wütenvolle Schäumen / Sein Ende hat, / So tret ich aus dem Schiff in meine Stadt, / Die ist das Himmelreich, / Wohin ich mit den Frommen / Aus vielem Trübsal werde kommen.

**3 Arie**
Endlich, endlich wird mein Joch / Wieder von mir weichen müssen. / Da krieg ich in dem Herren Kraft, / Da hab ich Adlers Eigenschaft, / Da fahr ich auf von dieser Erden / Und laufe sonder matt zu werden. / O, gescheh es heute noch!

**4 Rezitativ**
Ich stehe fertig und bereit, / Das Erbe meiner Seligkeit / Mit Sehnen und Verlangen / Von Jesu Händen zu empfangen. / Wie wohl wird mir geschehn, / Wenn ich den Port der Ruhe werde sehn. / Da leg ich den Kummer auf einmal ins Grab, / Da wischt mir die Tränen mein Heiland selbst ab.

**5 Choral**
Komm, o Tod, du Schlafes Bruder, / Komm und führe mich nur fort; / Löse meines Schiffleins Ruder, / Bringe mich an sichern Port! / Es mag, wer da will, dich scheuen, / Du kannst mich vielmehr erfreuen; / Denn durch dich komm ich herein / Zu dem schönsten Jesulein.

„gerne" ausruht, auch wenn sie natürlich kein Ausdruck von Daseinsfreude werden kann. Aber die Komposition, mit der Bach diesen Satz vertont, ist von einem geradezu bedrückenden Ernst. Mit vollem Orchester setzt die Musik in g-Moll ein, und die aufsteigende Linie der Bass-Melodie mit dem übermäßigen Intervall zum „Kreuz-stab" ist gekennzeichnet von großen Sprüngen, die eine äußerste Anstrengung ausdrücken. Das Wort „gerne" fällt auf die abfallende Linie, und die Modulationen zu den Wörtern „tragen" und später zu den „Plagen" nehmen kein Ende. Als ob die Last unerträglich schwer und eigentlich nicht auszuhalten sei. Die Musik dementiert den Text, ohne ihn aufzuheben. Aus der Einmündung in die Dur-Melodie bei den Worten „Er kommt aus Gottes lieber Hand" oder „Zu Gott in das gelobte Land" erhält er doch noch seine späte Bestätigung. Mit einem geradezu ungeheuren Spannungsbogen beginnt die Kantate. Von Zeile zu Zeile ändert sich nicht nur der Charakter der Musik, sondern auch das Verhältnis von Inhalt und Ausdruck.

Noch einmal gibt es, in diesem Eingangsteil, einen radikalen Bruch in dem Charakter der Musik, ohne dass der Spannungsbogen sich vermindert. Auf dem Lebensweg taucht das Grab auf. Das Orchester beharrt auf den Seufzerfiguren. Der Bass steigt, in deklamatorischem Stil, in das Grab hinunter. „Da leg ich den Kummer auf einmal ins Grab". Aber da unten, im Grab, ist nun nicht das Entsetzen und die völlige Gottesferne, sondern die überraschende Gottesnähe. „Da wischt mir die Tränen mein Heiland selbst ab". Wie das weinende Kind das Herbeieilen der Mutter erlebt, so erfährt der Glaubende die tröstende Nähe seines Herrn. Man kann das eine „unter Tränen lächelnde Heiterkeit" nennen (Hans-Joachim Schulze). Wichtig ist mir auch, dass die Musik den Gestus des Abwischens der Tränen nachvollzieht. Und so den Spannungsbogen erlebbar macht, der mich immer wieder – an den Gräbern guter Freunde oder Angehöriger – Loblieder unter Tränen singen lässt.

Ich überspringe das bemerkenswerte Rezitativ, das das Leben des Menschen mit der Schifffahrt auf hochgehendem Meer vergleicht. Es überrascht mich jedes Mal erneut, wie die wogende Begleitung des Basso Continuo in dem Moment aufhört, in dem der Glaubende festen Boden unter die Füße bekommt und er seine Standfestigkeit in der Gottesstadt, im Himmelreich gewinnt. Aber die darauf folgende Arie ist der Kulminationspunkt meiner widerstreitenden Gefühle. Leben und Sterben treffen in einer solchen Heftigkeit und Brisanz aufeinander, dass man am liebsten – wie fast alle Analysen dieser Kantate zeigen – diesen Widerspruch gar nicht bemerkt.

Auf den ersten Blick ist diese Arie getragen von einer Melodie in gelöster Heiterkeit. Die Oboe gibt, in kunstvollen Kadenzen, den Ton vor und stellt immer wieder die Verbindungen her. Der Basso Continuo baut das sichere rhythmische Gerüst. Virtuos setzt der Bass ein, Bach wird einen hervorragenden Sänger gehabt haben müssen. „Endlich, endlich, wird mein Joch / Wieder von mir weichen müssen". Die Betonung liegt auf dem „endlich", und das „weichen" wird in langen Kadenzen ausgesungen. Die Freude der Erlösung überstrahlt das Leben. Ansteckend ist diese überschäumende Freude, und der Hinweis auf den Adler, der sich kraftvoll in die Lüfte schwingt, ist nicht nur ein biblisches Zitat.

Die Tröstung, das Abwischen der Tränen, die Präsenz der Erlösung und der Nähe Gottes gibt dem Leben Saft, Kraft und Farbe. Man mag gar nicht aufhören, sich in die Melodienseligkeit dieser Arie einzuschwingen.

Aber, wenn man genau hinhört, dann möchte man erstarren. Denn das, was den Sänger zu diesen Begeisterungsstürmen und zum Jubel auf das Leben hinreißt, ist die Sehnsucht nach dem Tode. „Da hab ich Adlers Eigenschaft, / Da fahr ich auf von dieser Erden": Das ist die Gewissheit der Aufnahme des Sterbenden in das Himmelreich! „O, gescheh es heute noch!" Ist das nicht geradezu eine Versessenheit auf das Sterben? Singt dann doch eine „Todesmystik" ihre Melodien? Ist die Heiterkeit dieser Komposition ein Abglanz der himmlischen Musik, die im Reich Gottes gespielt wird und die uns in Ewigkeit erfreuen wird?

Harmlos heiter erscheint diese Arie. Aber höchst präzise stellt sie die schwierigste Frage, die der Mensch zu bewältigen hat. Welchen Raum beansprucht das Sterben in den Herausforderungen des Lebens? Die Antworten werden auf der philosophischen oder theologischen Ebene gesucht werden müssen. Aber sie werden jeweils im eigenen Leben zu bewähren sein.

„Mitten wir im Leben sind mit dem Tod umfangen", hatte der mittelalterliche Hymnus gesungen. Gerade jene Zeit ist, durch und durch geprägt von der christlichen Tradition, erschüttert durch die Allgegenwart des Todes. Die Klage über die Vergänglichkeit, über das Ende von Macht, Ehre und Genuss, über den Verfall der Schönheit ist im Mittelalter an der Tagesordnung. In seiner Lebensrichtschnur für einen Edelmann mahnt Dionysius der Kartäuser, der gelehrte und berühmte „Doctor ecstaticus" des 15. Jahrhunderts: „Und wenn er sich zu Bette begibt, so bedenke er, daß so, wie er sich nun selbst ins Bett niederlegt, sein eigener Körper sehr bald durch andere ins Grab gelegt wird". Jede Bewegung des Lebens ist unterwandert von der Gegenwart des Todes. Entsprechend gewaltig ist der Jubel über die gerettete Seele in ihrer Seligkeit.

Den Umschlag in das genaue Gegenteil, vorbereitet durch eine jahrhundertelange Entwicklung, erleben wir in der Gegenwart. Von der „Verdrängung des Todes", die über lange Jahre hinweg Thema in den Sozialwissenschaften und in der Theologie war, wird man so allgemein nicht mehr reden dürfen. Die Entstehung und die allgemeine Akzeptanz der Sterbehäuser, der „Hospize", ist ein Zeichen dafür, dass zumindest das Ende des Lebens als eine entscheidende

Herausforderung zur Bewältigung des Lebens begriffen worden ist. Der „verdrängte Tod" ist aber weiterhin dadurch an der Tagesordnung, dass das Sterben keine gesellschaftliche Repräsentanz und Sprache mehr hat. In die individuelle Erfahrung ist der Tod als persönliches Malheur abgeschoben. An dem Andere noch eine begrenzte Zeit Anteil nehmen. Aber dann geht das Leben weiter wie zuvor. Die Verstorbenen wie auch die Trauernden haben keinen gesellschaftlichen Status mehr. Nur in den großen Vernichtungskatastrophen, in denen die Schuldfrage eine wichtige Rolle spielt, ist das anders. In der Normalität des Lebens werden Tod und Leben so weit wie möglich auseinander gerückt.

Johann Sebastian Bach weiß es anders. Er unterminiert das Leben nicht durch eine ständige Angst vor dem Tod. Aber er täuscht sich auch nicht hinweg über die begrenzte Zeit, die der Mensch zum Leben hat, und über seine Endlichkeit. Gerade der christliche Glaube hat ihm offenbar die Augen geöffnet für einen Zirkel der wechselseitigen Beziehung von Leben und Tod. Nein, der Glaubende ist kein „Sterbekünstler", der alles und jedes auf das Ende seines Lebens bezieht. Wäre es so, dann wäre sicher „die ars moriendi (die Sterbekunst) die raffinierteste Art des Menschen, sich selbst vor sich selbst sozusagen im Modus der Aufhebung noch interessant zu machen" (Eberhard Jüngel). Aber der Glaubende ist auch kein „Verdrängungskünstler", dem sein Ende als ein unvorhersehbarer Unfall widerfährt. Leben in der Weite und Tiefe des ihm von Gott geschenkten Lebens kann der Mensch offenbar nur, wenn er auch das Ende seiner Tage vor Augen hat. Und sterben kann der Mensch nur, wenn er sein Leben angenommen, bejaht und seine Tage mit ihren Höhen und Tiefen intensiv gestaltet und durchlebt hat. Leben können und sterben können schließen sich nicht aus, sondern bedingen sich.

Da hat Bach in seiner Arie „Endlich, endlich wird mein Joch / Wieder von mir weichen müssen" den Tod des Menschen vor Augen. Nicht irgendwann wird er kommen. Er steht vor der Tür und klopft. „Heute noch!" Aber diese Notwendigkeit des Sterbens löst kein Jammern und keine angstvolle Klage über die Vergänglichkeit des Lebens aus. Kraftvoll, geradezu heiter wird das Ende des Lebens herbeigesungen. Dieser Sänger weiß, im Angesicht des Todes, zu leben! Er lebt aus einer Kraft, die den Tod überspannt. Ja, man kann sich auch nach dem Tod sehnen, wenn das Leben zu Ende geht und der Mensch sicher ist, dass er in die Arme Gottes fällt. Vor der Todesangst wird sich niemand bewahren können. Retten davor wird sich der Sterbende können, wenn er sich dem übergibt, der – wie die Auferstehung Jesu zeigt – der Herr über Tod und Leben ist. Martin

Luther hat sogar immer wieder dazu aufgefordert, den Tod heimlich und offen zu verspotten. Als ein Spottlied auf die Übermacht des Todes und ein Loblied auf das Leben im Angesicht des Todes kann man diese Arie auch hören.

So geht es mit dieser Kantate weiter und zu Ende. Vom Sterben und vom Tod handelt sie. Aber sie setzt enorme Kräfte zum Leben frei. Noch einmal taucht diese wundervolle deklamatorische Passage in dem letzten Rezitativ auf: „Da leg ich den Kummer auf einmal ins Grab, / Da wischt mir die Tränen mein Heiland selbst ab". Die „Tränen" werden herausgehoben, als sollte es mit ihnen nun endgültig zu Ende sein. Der Schlusschoral, der den Tod als des „Schlafes Bruder" definiert, bezieht noch einmal die Kraft des Lebens aus der Nähe des Herrn im Tod. „Es mag, wer da will, dich scheuen, / Du kannst mich vielmehr erfreuen". Mit einem strahlenden Dur-Akkord endet diese Kantate. Bach hat in ihr die Spannung von Leben und Tod bis zum Schluss durchgehalten. Der Trost des versöhnten Sterbens ist derart körperlich und sinnlich spürbar, dass er zur Bejahung und zur Kraft des Lebens wird. In der Tat: Diese Kantate ist ein gewaltiges und ergreifendes Werk.

Der Maler Alfred Otto Wolfgang Schulze, der sich als Künstler Wols nannte, hat in seinem französischen Exil auf kleinen Zetteln Aphorismen in der Sprache seines Gastlandes aufgeschrieben. Auf einem dieser Zettel notierte er, offensichtlich mitten im Zweiten Weltkrieg: „Wie die weiße Rasse, die noch im Zeitalter der Barbarei steckt, einen Weisen wie Johann Sebastian Bach produzieren konnte, ist ein Wunder". Dem kann man nur zustimmen. Und das mit dem „miracle", das die Musik dieses Johann Sebastian Bach ist, das stimmt auch in unendlich vielen anderen Dingen.

# Von der Sehnsucht

**BWV 140 „Wachet auf, ruft uns die Stimme" – Kantate zum Ewigkeitssonntag**
**CD: Choral (Tenor) „Zion hört die Wächter singen"** 3.20 Min.

Als ein „Wächterlied" wird der Choral „Wachet auf, ruft uns die Stimme" üblicherweise bezeichnet. Philipp Nicolai, der Pfarrer mit den mystischen Neigungen, der nach einem bewegten Leben in Unna gelandet war und dort die Pestepidemie erlebte, hat ihn 1599 in seinem „Freudenspiegel des ewigen Lebens" mit Text und Melodie publiziert. Auch der Choral „Wie schön leuchtet der Morgenstern", der im Evangelischen Gesangbuch unter die Epiphaniaslieder eingereiht ist, war in diesem „Freudenspiegel" dabei. 1608 ist dieser vielseitig begabte und unruhige Mann als Hauptpastor an St. Katharinen in Hamburg gestorben.

Man kennt die Szene aus dem Gleichnis Jesu in Matthäus 25. Nicolai hat allerdings die Zielrichtung des Gleichnisses von den „Klugen und törichten Jungfrauen" verändert und die Erzählung in eine Handlung transformiert. Da steht der Wächter auf der Stadtmauer. Oder ist es sogar die Zinne des Tempels? Es ist Mitternacht. Er hat den Hochzeitszug des Bräutigams erspäht. Seltsamerweise ist von der Braut keine Rede, aber das ist schon im Gleichnis Jesu so. Sein Weckruf gilt den „klugen Jungfrauen". Die „törichten Jungfrauen" sind von der Bildfläche verschwunden. Als ein „Trostlied" in schlimmen Zeiten wollte Nicolai seinen Choral verstanden wissen, da hatte die Mahnung an die, die sich auf den großen Tag nicht genügend vorbereitet hatten, keinen Raum. „Wachet auf", ertönt es von oben. Irritierenderweise schlafen die Brautjungfern unmittelbar vor der Hochzeit; das Element der Verzögerung beim Kommen des Bräutigams, das im Gleichnis die Schläfrigkeit der Frauen begründete, ist im Lied Nicolais weggelassen. Aber dann gilt der Weckruf auch der ganzen „Stadt Jerusalem". Da ist es endgültig klar, dass die geschilderte Episode ein Gleichnis ist. Auf den Anbruch der Endzeit zielt diese Geschichte und auf das Kommen Jesu zu der Zeit, in der auf der Erde und im Himmel alles, alles anders wird.

Aber die Charakterisierung des Chorals als „Wächterlied" empfinde ich als oberflächlich. Sie bleibt auf der Ebene der äußeren Handlung. Als „Trostlied" kann ich den Choral auch nicht mehr verstehen. Mitten im Sterben und in den Erfahrungen der Pestzeit mit innerer Überzeugung „Das Herz tut ihr vor Freuden

**1 Chor**
Wachet auf, ruft uns die Stimme / Der Wächter sehr hoch auf der Zinne. / Wach auf, du Stadt Jerusalem! / Mitternacht heißt diese Stunde; / Sie rufen uns mit hellem Munde: / Wo seid ihr klugen Jungfrauen? / Wohl auf, der Bräutgam kömmt, / Steht auf, die Lampen nehmt! / Alleluja! / Macht euch bereit / Zu der Hochzeit, / Ihr müsset ihm entgegengehn!

**2 Rezitativ**
Er kommt, / Der Bräutgam kommt! / Ihr Töchter Zions, kommt heraus, / Sein Ausgang eilet aus der Höhe / In euer Mutter Haus. / Der Bräutigam kommt, der einem Rehe / Und jungem Hirsche gleich / Auf deren Hügeln springt / Und euch das Mahl der Hochzeit bringt. / Wacht auf, ermuntert euch! / Den Bräutgam zu empfangen; / Dort, sehet, kommt er hergegangen!

**3 Arie**
Seele: Wann kömmst du, mein Heil? / Jesus: Ich komme, dein Teil. / Seele: Ich warte mit brennendem Öle. / Eröffne den Saal / Zum himmlischen Mahl! / Jesus: Ich öffne den Saal / Zum himmlischen Mahl. / Seele: Komm, Jesu! / Jesus: Komm. Liebliche Seele!

**4 Choral**
Zion hört die Wächter singen, / Das Herz tut ihr vor Freuden springen, / Sie wachet und steht eilend auf. / Ihr Freund kommt vom Himmel prächtig, / Von Gnaden stark, von Wahrheit mächtig, / Ihr Licht wird hell, ihr Stern geht auf. / Nun komm, du werte Kron, / Herr Jesu, Gottes Sohn, / Hosianna! / Wir folgen all / Zum Freudensaal / Und halten mit das Abendmahl.

**5 Rezitativ**
So geh herein zu mir, / Du mir erwählte Braut! / Ich habe mich mit dir / Von Ewigkeit vertraut! / Dich will ich auf mein Herz, / Auf meinen Arm gleich wie ein Siegel setzen / Und dein betrübtes Aug ergötzen. / Vergiß, o Seele, nun / Die Angst, den Schmerz, / den du hast erdulden müssen; / Auf meiner Linken sollst du ruhn, / Und deine Rechte soll mich küssen.

**6 Arie**
Seele: Mein Freund ist mein! / Jesus: Und ich bin sein! / Beide: Die Liebe soll nichts scheiden! / Seele: Ich will mit dir in Himmels Rosen weiden. / Jesus: Du sollst mit mir in Himmels Rosen weiden. / Beide: Da Freude die Fülle, da Wonne wird sein!

**7 Choral**
Gloria sei dir gesungen / Mit Menschen- und englischen Zungen, / Mit Harfen und mit Zimbeln schön. / Von Zwölf Perlen sind die Pforten / An deiner Stadt; wir sind Konsorten / Der Engel hoch um deinen Thron. / Kein Aug hat je gespürt, / Kein Ohr hat je gehört / Solche Freude. / Des sind wir froh, / Io, io, / Ewig in dulci jubilo.

springen" nachsprechen und nachsingen können: Das ist wohl endgültig vorbei. Im Untergang feiert man keine Hochzeit mehr. Schon Bach, der die Kantate über diesen Choral für den 25. November 1731 komponiert hat, erlebt es anders. Als „Sehnsuchtslied" versteht er den Ruf der Wächter und die Feier des großen Mahls mit Christus. So jedenfalls höre ich Bachs Kantate, und so möchte ich auch den Choral verstehen, in den ich immer wieder, mit voller oder mit zögernder Stimme, in der Gemeinde mit einstimme.

Die Kantate beginnt im Eingangschor mit einer rhythmisch punktierten Akkordfolge der Streicher, im Wechsel mit der Oboe, die sich nahezu durch den ganzen Satz hindurch hält und den man nie mehr vergisst. Als „Marschrhythmus" wird dieser Orchesterpart normalerweise beschrieben und auf den Hochzeitszug des Bräutigams gedeutet. Ich will das nicht recht glauben; das müsste doch dann ein stolpernder Anmarsch, ein Zug mit ständigen Hindernissen gewesen sein. Ich höre daraus eher die Beharrlichkeit, die ein Zeichen der Hoffnung ist. Der Wille, der sich den Widrigkeiten entgegenstemmt und nicht aufzugeben bereit ist. Widerständig ist die Sehnsucht. Wo Andere aufzugeben bereit sind, da hält sie durch. – Dass man diesen Eingang auch ganz anders hören und verstehen kann, ist mir voll bewusst.

Dann setzt der Chor ein. Der Sopran singt, in langen Noten, den ersten Vers des Chorals. Den Aufschwung des Dreiklangs am Anfang der Melodie, der offensichtlich den Ruf des Wächters nachbildet, nutzt Bach in dieser Stimme nicht. Er zerdehnt ihn vielmehr, setzt nach meinem Eindruck auch hier auf den langen Atem, der die Sehnsucht am Leben hält. Dafür geht es in den anderen Stimmen des Chores turbulent zu. Rufe von allen Seiten, „wachet auf", „macht euch bereit". Man kann nur staunen vor dieser Ballung der musikalischen Gegensätze. Ich höre gerade diesen Teil mit Bewunderung und frage mich, wie ein Chor das fertig bringt, dies in Klarheit und Durchsichtigkeit zu singen.

Gegen Ende der ersten Strophe gibt es mit dem „Alleluja" eine Zäsur. Zögernd fast, wie probierend, ob es schon angemessen ist, setzt eine Stimme mit dem Lobgesang ein. Man ist ja noch auf dem Weg. Die anderen Stimmen, in einer Fuge, folgen. Das „Alleluja" ist dann auch schnell vorbei, das Orchester kommt mit dem bekannten Rhythmus wieder nach vorne. Noch muss ja die Sehnsucht beim Wort genommen werden. „Macht euch bereit / Zu der Hochzeit, / Ihr müsset ihm entgegengehn!". Das Ziel der Sehnsucht ist in Sichtweite. Aber das alles fällt den Schlafenden nicht in den Schoß. Am Ende steht die Aufforderung, dem entgegenzueilen, auf den die Sehnsucht gewartet hat.

Sehnsucht ist eine starke Kraft. Sie ist wahrscheinlich eher im Gefühl als im Verstand zu Hause. Deshalb ist sie auch Argumenten so wenig zugänglich. Voller Dynamik ist die Sehnsucht, hofft oftmals gegen alle Hoffnung. Wer hat das nicht schon erlebt, dass die Sehnsucht einen Menschen geradezu aus dem Haus treibt und ihn nicht im Sofa sitzen lässt. Schmerz und Sehnsucht durchziehen unseren Alltag und fragen nach dem Gelingen unseres Lebens. Sie arbeiten an unserem Selbstbewusstsein, an unserer Subjektivität (Henning Luther). In Beidem, im Schmerz wie in der Sehnsucht, kommt die Ahnung zum Bewusstsein, dass – wie Heinrich Böll es einmal ausgedrückt hat – „wir uns auf dieser Erde nicht ganz zu Hause fühlen". Je intensiver wir auf dieser Welt leben und wahrnehmen, was auf ihr und mit uns geschieht, umso stärker wird die Sehnsucht nach einer anderen Welt werden. Die biblische Botschaft arbeitet an dieser Sehnsucht, fordert sie heraus. Baut an einer Welt, in der nicht der Eine der Wolf des Anderen ist. Eine Welt hat sie vor Augen, in der Gott abwischen wird alle Tränen von den Augen derer, die Schmerzen haben und die trauern. Das Gleichnis Jesu, das die Vorlage zu dem Choral und zu der Kantate gebildet hat, ist ein solches Bild einer anderen Welt. Unsere Zukunft ist nicht das große Chaos, sondern das Mahl der Gemeinschaft mit dem, der die Leidtragenden tröstet und die Friedensstifter selig gesprochen hat. Ein Bild der Sehnsucht ist es für die, die glauben und die hoffen. Freilich: „Ihr müsset ihm entgegengehn".

Die zweite Strophe des Chorals ist eingerahmt von jeweils einem Rezitativ und einer Arie. Geschickt hat der uns unbekannte Textdichter dieses Teils die Sehnsucht der Gemeinde auf den Lebensbereich bezogen, in dem sie normalerweise am stärksten spürbar ist: Auf die Liebe zwischen Mann und Frau. Die beiden Arien sind bei Bach zu wunderbaren Liebesliedern geworden. In der ersten Arie umspielt die Violine piccolo in weitgespannten Figuren das Duett der beiden Liebenden. In der zweiten Arie („Mein Freund ist mein! Und ich bin sein!") gibt die Oboe als Instrument der Sehnsucht und der Liebe der eingängigen Melodie des Duetts die Klangfarbe der Sinnlichkeit. Wieder einmal sind es die Verse des „Hohenliedes" aus dem Alten Testament, die der liebenden Begegnung zwischen Mann und Frau die hohe Emotionalität verleihen, die bis zum Kuss und zur Umarmung geht. Und natürlich ist es keine Frage, dass diese Liebeslieder hier, als Gespräche zwischen Jesus und der Seele, mystisch gemeint sind.

Die Mystik eines Bernhard von Clairvaux ist zu erkennen, die – protestantisch zugespitzt – als „Jesusminne" erscheint. Aber ich brauche meine Ausführungen zur Kantate BWV 49 „Ich geh und suche mit Verlangen" hier nicht zu wiederholen, um zu versichern, dass ich dieser Linie der Interpretation dieser Kantate nicht folgen möchte. Die radikale Diesseitigkeit und sinnliche Erfahrbarkeit des Gottesglaubens scheint mir für unser Leben und für seine theologische Verarbeitung weit wichtiger. Und dieser Linie möchte ich auch bei der Kantate „Wachet auf, ruft uns die Stimme" folgen.

Es gibt dafür in der Kantate einen Anknüpfungspunkt. In dem Duett „Mein Freund ist mein! Und ich bin sein!" fällt sofort auf, dass die Antwort Jesu aus der Struktur des gerade beginnenden Dialogs herausfällt. Korrekt müsste es an sich heißen: „Mein Freund ist mein! Und Du bist mein!" Aber das klingt natürlich, im Versmaß, nicht sehr gut. Der Hinweis, dass dem Librettisten der Kantate die korrekte Beibehaltung des Zitats aus dem „Hohenlied" wichtiger war als seine Umformung in die Struktur des Dialogs, hat vieles für sich. Aber dass auch Bach darüber nicht gestolpert ist, zeigt doch an, dass in diesem „Und ich bin sein" eine Erkenntnis liegt, die beiden nicht fremd war. Es ist die Selbstreflexion, die die Liebe auslöst. Auch wenn die Geschlechterbeziehung nicht stimmt, im „Hohenlied" spricht die Braut: In der Liebe erkenne ich nicht nur den Anderen, sondern auch mich selbst. Die Sehnsucht, erkannt zu werden, ist keine egoistische Wunschvorstellung, sondern gehört ursprünglich zu unserem Dasein. Lieben kann ich nur, wenn ich geliebt bin. Erkennen kann ich nur, wenn ich erkannt bin. Der Mensch lebt in Beziehungen, wächst oder verkümmert darin. Im Angesicht des Anderen erkenne ich, dass ich bin und wer ich bin. Von Gott, dem Grund des Seins, erkannt und geliebt zu werden, ist so die tiefste aller Sehnsüchte. Die Kantate Bachs spricht das nicht aus, aber sie spricht es an. „Ich bin dein", jubelt die Seele. „Und ich bin sein", antwortet der Bass als Stimme Christi. Wie auch sonst steht Christus stellvertretend für den Menschen, für Sie und mich.

Der Höhepunkt der Kantate ist für mich und für viele Andere der vierte Satz mit der zweiten Strophe des Chorals. Ein einfacher Triosatz ist dies. Aber große Kunst ist einfach! Das Streichorchester (Violinen und Bratschen) intoniert eine schwingende Melodie, die immer von neuem ansetzt und nicht aufhören will. Völlig unabhängig scheint sie zu sein von den beiden anderen Stimmen. Der Basso Continuo gibt dem Ganzen ein, unthematisch gestaltetes, Gerüst. Und der Tenor singt, mit geringfügigen Verzierungen, einfach die Melodie des

Chorals. „Zion hört die Wächter singen". Die Wächter rufen jetzt nicht mehr, sie singen. Denn die Hochzeit ist da, die Türen des Saales sind weit aufgetan. Die Metaphorik hat sich erschöpft, aus dem Hochzeitsmahl ist das Abendmahl geworden. Die Hochzeit wird zum Bild der sehnsüchtig erwarteten Gemeinschaft mit Gott und mit Christus, die hier auf der Erde beginnt und sich im Himmel vollendet. „Ich sah einen neuen Himmel und eine neue Erde!"

Was hätte ein Komponist von minderem Niveau, als Bach es war, aus dieser zweiten Strophe des Nicolai-Chorals gemacht? Unendliche Gelegenheiten, den Text musikalisch auszugestalten, bietet er. „Das Herz tut ihr vor Freude springen": Das Hüpfen musikalisch nachzugestalten, hat auch Bach gelegentlich gereizt. „Von Gnaden stark, von Wahrheit mächtig": Die unbändige Kraft der Gnade und der Wahrheit schreit geradezu nach einer entsprechenden kompositorischen Verlebendigung. „Wir folgen all / Zum Freudensaal": Die Weite des Himmels geht da auf, die Augen schauen Unbegreifliches und die Ohren hören Nochniegehörtes.

Johann Sebastian Bach tut nichts von all dem, was man vom Text des Chorals her erwarten könnte. Die Melodie des Chorals wird gegen den Rhythmus und gegen die fließende Bewegung der Streicher gestellt, als hätten sie nichts miteinander zu tun. Und doch, oder vielmehr gerade dadurch, liegt eine gelöste Heiterkeit über diesem Satz. Diese Freude kommt nicht von außen, sie kommt ganz von innen. Wie viel kontrapunktische Kunst in diesem Satz verborgen ist, wird nur der Fachmann erkennen. Normale Hörer wie ich stehen nur staunend vor diesem Wunder von Klarheit und innerer Berührung. Näher kann einem der Text dieses Chorals eigentlich nicht gebracht werden. Es wundert mich nicht, dass Bach diesen Satz noch einmal im ersten seiner „Schüblerschen Choräle" verarbeitet hat.

Mit der schlichten vierstimmigen Komposition der dritten Strophe des Chorals schließt die Kantate. Aber welch ein Satz ist das! Tief ist er in die Frömmigkeit zumindest des Protestantismus eingesenkt. Im „Evangelischen Gesangbuch" hat er, mit dem geglätteten Text, aber in der Originalkomposition Bachs, sogar eine eigene Nummer (535).

Alles Bisherige war nur Vorspiel. Jetzt ist das Ziel der Sehnsucht erreicht, die Stadt Gottes, in der „Gott wird sein alles in allem" (1. Korinther 15, 28). „Gloria sei dir gesungen". Die Originalgestalt des Textes hat einige interessante Wendungen, die in der in den Kirchen gesungenen Fassung verändert sind. Dass die „englischen Zungen" sich auf die „Engel" beziehen, ist leicht zu erraten („mit Menschen- und mit Engelzungen" heißt es im Gesangbuch). Dass das Gloria am Ende in einen Jubeltaumel gerät („io, io") und mit dem „in dulci jubilo" noch einmal auf die Weihnacht und die Menschwerdung Jesu Bezug nimmt, ist eine Wendung, die ich voll nachempfinden kann.

An einer Stelle bin ich bereit, sofort in Begeisterung auszubrechen und es zu bedauern, dass diese Ursprungsfassung nicht erhalten geblieben ist. „Von zwölf Perlen sind die Pforten / An deiner Stadt; wir sind Konsorten / Der Engel hoch um deinen Thron". Konsorten, Gefährten der Engel sind wir im ewigen Lobgesang Gottes! Das ist die Vollendung der Welt. Das Ziel der Sehnsucht ist erreicht.

Ist das nicht ein wunderbarer Gedanke, Konsorten der Engel zu sein?! Wir sind noch auf dem Weg, manchmal im Tal der Tränen und manchmal auf den Höhen der Erfolge und des Glücks. Im Lachen und im Weinen. Das Ziel ist noch nicht erreicht. Aber wenn wir nun im Himmel Konsorten der Engel sind: Weshalb könnten wir es nicht auch auf der Erde sein?

# Literatur


### a) Zu Johann Sebastian Bach

**Jochen Arnold:** Von Gott poetisch-musikalisch reden. Gottes verborgenes und offenbares Handeln in Bachs Kantaten. Göttingen 2009

**Bach-Archiv Leipzig (Hrsgb.):** Bach-Dokumente. Band I – III 1963/1969/1972.

**Wolf Biermann:** Ich hatte viel Bekümmernis. Zürich 1991

**Hans Blumenberg:** Matthäuspassion. Frankfurt/Main 1988

**Alfred Dürr:** Die Kantaten von Johann Sebastian Bach. Band 1 und 2. Kassel 1979

**Ernst Koch:** Die Stimme des Heiligen Geistes. In: Bach-Jahrbuch 65 (1995) S. 61-81

**Luc André Marcel:** Johann Sebastian Bach. Reinbek bei Hamburg 1978

**Ulrich Meyer:** Johann Sebastian Bachs theologische Äußerungen. In: Musik und Kirche 47 (1977) S. 112-118

**Martin Petzoldt:** Bach und die Theologie. In: Konrad Küster (Hrsgb.): Bach-Handbuch, Kassel u. a. 1999, S. 81-91

**Martin Petzoldt:** Möglicherweise Neues zur Entstehung der Kantate BWV 21. In: Bach-Jahrbuch (1993) S. 31-46

**Martin Petzoldt/Joachim Petri:** Johann Sebastian Bach. Ehre sei dir Gott gesungen. Berlin 1990

**Arnold Schering:** Über Kantaten Johann Sebastian Bachs. Leipzig 1942, $^{3}$1950

**Hans-Joachim Schulze/Christoph Wolff:** Bach Compendium. Teil I und II. Leipzig u. a.1985ff

**Hans-Joachim Schulze:** Die Bach-Kantaten. Leipzig 2007

**Albert Schweitzer:** Johann Sebastian Bach. Wiesbaden 1955

**Renate Steiger:** Bach und die Bibel. In: Musik und Kirche 57 (1987) S. 119-126

**Renate Steiger (Hrsgb.):** J. S. Bachs Kantaten zum Thema Tod und Sterben. Wolfenbütteler Forschungen 90. Wiesbaden 2000

**Maarten 't Hart:** Bach und ich. München 2003

**Christoph Trautmann:** „Calovii Schriften. 3 Bände" aus Johann Sebastian Bachs Nachlass und ihre Bedeutung für das Bild des lutherischen Kantors Bach. In: Musik und Kirche 39 (1969) S. 145-160

**Meinrad Walter:** Musikalische Mystik. J. S. Bachs Kantate „Wachet auf, ruft uns die Stimme". In: Musik und Kirche 6 (2010) S. 4-8

**Christoph Wolff:** Johann Sebastian Bach. Frankfurt/Main 2007

### b) Andere Literatur

**Roland H. Bainton:** Martin Luther. Göttingen 1958

**Karl-Heinrich Bieritz:** Das Kirchenjahr. München 1998

**Hans Blumenberg:** Lebenszeit und Weltzeit. Frankfurt/Main 2001

**Heinrich Böll:** In: Karl-Josef Kuschel: „Weil wir uns auf dieser Erde nicht ganz zu Hause fühlen". München 1985

Gott in der Stadt. Perspektiven evangelischer Kirchen in der Stadt. Denkschrift der EKD. Hannover 2007

**Günter Grass:** Das Treffen in Telgte. Eine Erzählung. Darmstadt/Neuwied 1979

**Gerhard Hahn/Jürgen Henkys (Hrsgb.):** Liederkunde zum Evangelischen Gesangbuch. Ausgabe in Einzelheften. Heft 4, Göttingen 2002

**Oliver Hilmes:** Witwe im Wahn. Das Leben der Alma Mahler-Werfel. München 2004

**Johan Huizinga:** Herbst des Mittelalters. Stuttgart 1953

**Eberhard Jüngel:** Tod. Stuttgart 1971

**Walter Killy:** Elemente der Lyrik. München 1983

**Henning Luther:** Religion und Alltag. Stuttgart 1992

**Martin Luther:** Tischreden. Stuttgart 1960

**Christhard Mahrenholz/Oskar Söhngen (Hrsgb.):** Handbuch zum Evangelischen Kirchengesangbuch. Band I – III. Göttingen 1970 ff. Liederkunde. Teil II. Hrsgb. Joachim Stalmann. 1990

**Fritz Martini:** Deutsche Literaturgeschichte. Stuttgart 1952

**Volker Meid:** Barocklyrik. Stuttgart/Weimar 2008

**Kornelis Heiko Miskotte:** Wenn die Götter schweigen. Vom Sinn des Alten Testaments. München 1963

**Gerhard von Rad:** Theologie des Alten Testaments. Band I. München 1957

**Christian-Martin Schmidt:** Johannes Brahms und seine Zeit. Regensburg 1983

**Dorothee Sölle:** Mystik und Widerstand. München/Zürich 2000

**Dorothee Sölle:** Und ist noch nicht erschienen, was wir sein werden. München 1987

**Fulbert Steffensky:** Das Haus, das die Träume verwaltet. Würzburg 1998

**Thich Nhat Hanh:** Das Wunder der Achtsamkeit. Bielefeld 2006

**Wols:** Die Aphorismen. München 2010

**Heinz Zahrnt:** Die Sache mit Gott. München 1968